KB039576

디지털 학습과
메타인지 Up

저자

차우규
김상인 김아영 신무곤
이한솔 이한진 홍민기

머리말

본서는 디지털 학습에 있어서 학습 계기(chance) 즉, 학습 동기(motive)는 어떻게 촉진(facilitation)하고 조력(support)할 것인가? 또한 자기 주도적 학습에 따른 내적·외적 보상은 어떻게 해야 하는가? 출력학습(retrieval/output learning)을 위한 튜터(tutor) 역할, 조력자(supporter) 즉 촉진자(facilitator)의 역할은 어디까지인가? 에 대한 답을 얻기 위한 접근이다. 집필자 모두는 학교 현장을 잘 알고있는 전문가이기에 디지털 학습이 추구하는 미래 교육의 주제들을정하는 데 그리 많은 시간이 필요하지는 않았다. 다만 집필하면서반복되는 질문은 본서의 내용이 우리 교육 현장에서 얼마나 어떻게적용할 수 있을까? 에 대한 고심이 더 많았던 것이 사실이다.

이제 학교 현장은 디지털교과서를 시작으로 순차적으로 인공지능(AI)을 활용한 디지털 학습전략 제공을 준비하고 있으며, 그에 따른전문성을 갖춘 인력과 역량 강화에 심도 있는 논의가 계속되고 있다. 이 시점에서 본서의 내용이 상당 부분 도움이 되리라고 생각하고 집필을 시작하게 되었다.

본서의 연구 주제들은 학교 현장에 익숙하게 접할 수 있는 부분도 있지만, 디지털 학습이 대두되면서 한층 더 심도 있게 접근하고논했다는 데 의미가 있다. 특히 디지털의 개념을 가지고 논한 학습촉진, 인출 학습, 넛지 학습전략, 질문 학습, 메타인지와 메타인지 레벨이 그렇다. 특히, 본서를 통해 새롭게 개념화된 메타인지 레벨은 주목할 만한 주제이다. 향후 더 많은 다양한 데이터가 모이게 되면, 학습 촉진에 도움이 될 것이다.

본서의 논지와 쟁점들은 학습전략의 완성도를 높이기 위한 시작이다. 향후 디지털 학습과 관련된 논점의 접근에 대해 더 고민하고 연구해야 할 부분 있다는 것이다. 또한 미래 교육 방향을 올바로 세움과 동시에 그에 따른 실제적인 전략과 기법들을 개발해야 한다. 중요한 사실은 본서에서 구체적인 언급은 없었지만, 다양한 디지털 학습 방법이 연구되고 개발되는 과정에서 인성 함양을 고려해야 한다는 것이었다. 이는 인성 함양은 교육 목적의 핵심이기 때문이다. 따라서 디지털 즉, 인공지능을 접목한 학습 전략들이 많이 연구되기를 기대하며, 최첨단 디지털 학습전략 개발 연구로 인해 학습 현장에서 인성교육이 소외당하는 일이 없었으면 하는 마음 간절하다.

본서가 출간되기까지 협력해 주신 정율사관 곽정율 대표님과 예듀테크 공감연구소 홍정현 대표님에게 감사드리며, 매 순간 교육 현장에서 학습과 관련하여 다양한 고민을 하고, 수고를 하시는 분들에게 감사한 마음을 전함과 동시에 본서의 내용들이 그 수고함을 덜어드리는 것이었으면 하는 마음 간절하다.

2024년 5월 20일

집필진 일동

목차

I. 학습 부진

II. 디지털 러닝과 튜터

III. 학습자 특성과 메타인지

IV. 학습자 주체성과 핵심 질문

Ⅷ. 챗GPT와 인공지능 교육의 미래

Ⅸ. 메타인지 레벨과 학습코칭 상담

Ⅹ. 미래 교육 방향

학습 부진

I
학습 부진

I. 학습 부진

김상인

학습 부진은 영어로 미성취(under-achievement)를 의미한다. 학업 성취가 현재까지는 성취 잠재력에 못 미치는 수준으로 이해할 수 있다. 즉, 성취 잠재력에 비해 실제 학업성취 수준이 낮은 상태를 의미한다. 학습 부진은 지능이 낮거나 학습장애가 있는 특수 학생들에게만 나타나지 않는다. 일반 아이와 영재 아이도 나타난다. 따라서 학습부진아는 미성취아(underachiever)로 표현한다. 학습이 부진한 학생은 학업과 심리·사회적 측면에서 공통적인 문제들이 나타날 수 있다(Butler-Por, 1987).

1. 학습에 투자하는 노력이 부족하다. 학습에 대한 준비가 부족과 부적절, 일관성 없는 학습 습관, 집중력 부족, 과잉 행동, 무질서 등의 행동이 나타난다.

2. 학습이 부진한 학생은 심리적으로 자신을 경시하고, 학습 목표가 명료하지 않고, 삶의 가치가 부족하다. 또한 자신과 타인에 대한

불신, 우울과 근심 등으로 부적응 패턴이 나타날 수 있다.

학습 부진은 가정불화, 부모와의 갈등, 자신에 대한 불신, 환경적 요인이 있을 수 있다. 자신에 대한 불신은 부모가 아이의 활동에 관심과 즐거움으로 반응하고, 필요한 도움이 부족으로 자리 잡을 수 있다. 자신에 대한 불신이 있는 학습자는 새로운 학습을 격려하고, 좀 더 자신을 신뢰하는 사람이 되도록 돕는 것이 중요하다. 예를 들어, 부모는 자녀의 단순한 행동에 대해서도 칭찬하고, 격려해야 한다.

학습 부진은 학습 당사자가 자신감을 가질 때 극복할 수 있다. 그 자신감을 주는 우선순위가 부모 가족이다. 부모가 아이에게 학습을 성공적으로 수행해 낼 능력이 있다는 확신을 주고, 또래와 형제자매와 비교하지 않아야 한다. 학습 부진을 나타내는 학생일수록 자율성과 주도성 향상이 중요하다. 자율성은 자녀가 세상을 탐구할 때, 부모는 안전한 물리적·정서적 환경을 유지하면서 아이가 독립심과 자율성 함양을 도와야 한다. 자녀가 실패하더라도 바로 교정해 주기보다는 다시 한번 도전하도록 격려해 주는 것이 중요하다. 학습에 있어서 주도성이 필요하다. 부모는 자녀에게 관심과 격려를 보내면서 일상에부터 자기 주도적 행동 시도할 수 있도록 도와야 한다.

1. 학습 동기 요인

학습 동기 요인은 호기심, 개인차에 대한 존중, 완전 학습과 역량 학습, 창의적 학습에 대한 격려, 도전과 자극, 부모의 태도와 지원이 있다. 호기심은 학습에 대해 연령별로 동기를 제안하고, 관심을 가지도록 여건을 조성하는 것이다. 개인차에 대한 존중은 개인의 흥미를 개발하려는 욕구에 비추어 아이의 개성을 인정하고 수용하는 것이다. 학습 과정 결과는 개인차가 있기 마련이다. 그 개인차는 양적인 것에만 집중하기보다는 내용과 질적인 부분에 관심을 가지고 접근하는 것이 필요하다. 완전 학습과 역량 학습은 자녀가 다양한 경험할 수 있도록 기회 제공, 적절한 피드백, 다른 친구와의 효과적인 상호작용, 학습할 수 있는 과제와 성취 기회를 제공, 자신의 역량을 평가하고 개발할 수 있도록 기회 제공이 중요하다.

창의적 학습에 대한 격려는 자녀의 창의성, 비범한 아이디어와 독창적인 과제 해결 방법을 관찰, 모색하고 수용하고 격려하는 것이다. 도전과 자극은 자녀가 도전해서 성취할 수 있는 흥미로운 과제를 다양하게 제공하고 격려할 때 형성된다. 다른 사람과의 비교 평가하는 규범에서 벗어나는 평가, 자신의 흥미 영역 탐구와 투자한 노력에 방점을 두고 격려가 필요하다. 부모의 태도와 지원은 부모가 자녀의 성취에 대해 긍정적인 태도로 능력을 최대로 발휘하도록 기대하도록 돕고, 스트레스를 주지 않는 것이다. 실패했을 때 위로와 격려를 제공한다.

2. 학습 부진 촉발 요인

Butler-Po(1987)는 학습 부진 촉발에 영향을 주는 가정의 부정적 변인으로 과도한 부모의 압력, 부담스러운 기대를 언급했다. 자녀가 도달하기 어려운 성취 수준에 이르도록 부모가 과도한 스트레스를 지속적 반복적으로 제공할 때 학습 부진으로 이어진다. 또한 부담스러운 부모의 기대는 자녀의 능력 촉발을 방해하게 된다. 자녀의 능력과 수준에 비해 부모가 과도한 기대를 할 때 자녀는 용기를 잃게 되고, 실패했을 때 부모가 실망할 것에 대해 두려워한다. 이런 실패에 대한 두려움은 새로운 도전이나 시도에 방해가 된다. 학습에 대해 부모 간 불일치는 학습 돌출 부진을 부추기게 된다. 따라서 자녀 학습에 대한 부모 간의 태도와 가치의 일관성이 중요하다. 학습에 대한 일관성은 자녀의 긍정적인 학습 태도에 도움이 된다. 학습 촉발에 가정의 분위기가 영향을 미치게 된다. 가정의 분위기, 부부 사이 등은 자녀의 정서적 안정성과 안녕, 학습에 영향을 미친다. 부모의 질병이나 부재, 부모 간의 부정적인 관계는 학교생활, 학습 동기, 인성 발달, 자녀의 건전한 발달에 해로운 영향을 미친다.

학습 부진은 공교육을 시작하면서부터 직접적인 영향을 받게 된다. 학교 교육을 받는 동안에 다른 친구들과 비교되는 순간부터 학습에 대한 긍정 또는 부정적 인식을 가질 수 있다. 학년이 올라가면서 격차가 심해지거나 그에 따른 스트레스를 인식과 비교 의식을 가지게 되면서 열등감, 좌절감이 자리 잡힐 수 있다. 따라서 공교육이 학습에 대한 태도와 평가 중요한 부분이다. 단순하게 정량평가만을 가지고 비교한다면, 학습 부진은 더 심각해질 수 있다. 학습평가는 정량평가, 수준별 평가도 중요하지만, 개개인의 특질, 개성을 중점적으로 접근하는 학습 과정과 평가가 존중되어야 한다. 다시 말해서 그 사람만이 가지고 있는 장점, 자질을 살려주는 것이 학습의 진정한 목표가 되어야만 한다.

학습 부진에서 교사의 태도와 역량과도 관련이 있다. 학습 부진이 나타날 때 교사의 표현과 정서적인 표현이 긍정적인 것과 부정적일 때는 그 차이는 매우 클 것이다. 또한 전체 학생들을 대상으로 조정되는 학습 분위기도 경쟁을 부추기는 것보다 개성과 자질 향상에 집중하는 것도 필요하다. 학습 부진을 나타내는 학생들에게도 자신을 신뢰하고 존중할 수 있도록 돕는 것은 학습 부진을 극복하는 데 효과가 있다. 교사는 학습자가 자신의 학습에 대해 자율성을 가지고 학습할 수 있도록 방법을 제시하고 고안해야 한다. 인간은 지시나 규칙에 따르더라도 자신의 내적 신념에 따라 자유적 의지를 발휘하여 행동할 때 자율성을 경험하게 되고, 그 결과 역시 효과가 있다.

3. 학습 부진과 열등감

　학습 부진은 정서적으로 열등감을 유발한다. 극심한 열등감은 학습 의욕도 포기하게 되는 결과를 초래할 수도 있다. 인간의 열등감은 인지적 능력과 행동에 영향을 준다. 열등감에 사로잡혀 있는 아이는 학습 부진은 물론 학교 부적응과 일탈행위에 노출되기 쉽다. 인간은 누구나 선천적으로 나면서부터 열등감을 가지고 태어난다. Alfred Adler는 인간의 성장과 문화의 발전 원인을 열등감 극복이라는 측면에서 설명하였다. 인간은 스스로 열등감을 느끼고 인식하면서 그 자체를 극복하려는 노력과 더불어 우월에의 추구를 하게 되고 그 결과 성장과 발전이 있다는 것이다. 따라서 학습 부진의 원인으로 열등감에 있다는 것을 전제로 하여 이를 극복하는 접근을 하고자 한다. 인간에게 있는 창조적 자아는 열등감 극복과 우월에의 추구 과정을 통해서 학습전략을 세울 수 있다. 인간의 모든 행동 뒤에는 우월에의 추구가 있다. 즉 마이너스 상황에서 플러스 상황으로 완전을 향해 가려는 기본적인 힘이 있다. Adler는 이 힘의 원천 에너지를 "창조적 자아(creative-self)"라고 설명하였다. 학습에 대한 열등감 극복을 위한 학습 방해 요소를 진단하고, 학습 촉진 요소를 점검하여 실천할 수 있도록 구조화할 수 있다. 진단적

접근으로 다음 표 작성이 도움이 된다. 표의 질문에 답을 하면서
자가 진단을 할 수 있다.

학습 방해 요소와 촉진 상관성 진단 활동지

구 분	학습 방해 요소 (마이너스 상황)	학습 촉진 요소 (플러스 상황)
가정환경		
아버지		
어머니		
형제자매		
자신		

학습으로 인한 열등감을 극복하기 위해서 그동안 열등감에 따른
감정과 상황을 제거하며 개선하려는 노력이 중요하다. 학습에 대한
자기기만 극복을 시작으로 구체적인 학습 목표를 정하고 그 목표를
이루기 위해서 장애물을 극복하는 것은 중요하다. 학습을 시작하는
시기부터 학습에 대한 적대 감정, 열등감을 심화시키며, 학습 부진
에 따른 부모님의 잔소리와 나무람은 학습 열등감을 심화시킨다.

열등감 극복 학습과 우울에의 추구 학습활동 진단지

구 분	우월에의 추구 목표 설정	열등감 극복 학습 방법
자 원		
방 해 요 소		
희 망 사 항		
전 략		

4. 학습 부진과 난독증

난독증[1]은 글자 모르는 것이 아니라 읽는데 어려움 겪는 증상으로 전 세계 인구의 약 5%정도에게서 나타나고 있다. 어린이 경우에는 5-17%가 난독증으로 인한 학습부진 및 학습문제가 되고 있다. 우리나라는 초, 중, 고등학생에 경우 2~4%가 난독증을 가지고 있는

---

[1] 난독증(dyslexia)은 라틴어 dys(dis=difficult) + legere(to read)의 파생어로 "읽기 또는 말하기"의 어려움을 의미한다.

것으로 유추하고 있다. 2012년 조사에 따르면, 초·중등학교 기초학력 미달학생 5만 여명을 대상으로 학습부진의 원인을 조사한 결과, 그 중 1만 여명(19.6%)이 난독증을 가지고 있는 것으로 조사되었다. 뿐만 아니라 난독증을 호소하는 학생들이 정서불안의 심리적 문제를 갖고 있는 것으로 나타났다. 그동안 학습부진의 주요 원인이 주의력 결핍 및 과잉행동 장애나 정서적인 문제로 알려져 왔다. 그러나 최근에는 난독증이 가장 중요한 원인이 되는 것으로 조사되고 있다. 난독증은 신경과, 정신건강의학과, 그리고 심리적인 문제로 인한 학습부진 또는 학습장애와 관련 있다(D.J.Bakker,1992). 난독증이 신경과, 정신건강의학과, 심리적 문제와 관련이 있다는 근거를 토대로 심리학적 접근을 한다. 난독증의 이해, 난독증과 엘렌 증후군, 난독증 원인과 유형, 난독증 증상과 진단, 난독증 치료방법, 그리고 심리상담학적 접근을 한다.

난독증의 심리학적 원인은 내향적인 성격, 소심한 성격, 대중공포증, 불안증, 과도한 인정욕구, 열등감, 완벽주의, 말더듬 현상 등이 있다. 그러나 본 연구에서는 난독증을 가중, 완화, 극복에 영향을 줄 수 있는 열등감과 완벽주의에 관련하여 논한다. 난독증의 증상을 보이는 학생에 대한 확실한 치료 방법으로써 연구이기보다는 난독증 증상과 치료에 긍정적 또는 부정적 영향을 줄 수 있다는 측면에서의 심리상담학적 접근이다. 왜냐하면, 아직까지는 난독증 치료와 관련하여 심리상담학적 임상 연구가 부족하기 때문이다. 필자는 상담현장에서 난독증 증상을 보이는 학생에 대해 심리상담적 접근으로 효과성을 보고 있지만 그 사례가 아직은 부족하다. 그럼에도 불구하고 필자는 상담사례에서 난독증은 열등감과 완벽주의와 관련이 있다는 것을 경험하고 있다.

1) 난독증 이해

난독증은 지능(IQ)이 정상이지만 글자를 읽거나 쓰는데 어려움을 겪는 증상이다. 이 증상을 가진 대다수 환자들은 낱말에서 말의 최소 단위인 음소를 구분하지 못한다. 난독증은 듣고 말하는 데에는 별 어려움이 없으나 문자를 인지하는데 이상이 있는 상태를 의미한다(J.Larsen, T.Hoien, & H. Odegaard, 1992, 서울대학교병원 의학정보, 2012). 최근 조사에 의하면, 우리나라의 학생들의 지능이 낮아서 공부를 못하는 것이 아니라 정보 수집 초기 단계인 글을 읽고, 말을 듣는데 어려움을 겪는 난독증이 원인으로 조사되었다. 난독증은 읽기, 듣기, 쓰기, 말하기, 행동 표현 등에서 어려움을 겪기 때문에 학습 부진으로 이어진다. 이러한 난독증 증상은 집중력이 떨어지며, 학습의 흥미를 잃게 되고 결국 다양한 학습문제에 봉착하게 된다(F.R. Manis, R. Custodio, & P.A. Szeszulski, 1993, 특수교육학 용어사전, 2010).

난독증이 심할 경우 한글을 배우기 시작하면서 나타나기도 한다. 대개 미취학 시기부터 단어를 이해하는 데 어려움을 겪거나, 발음을 자주 틀리게 하거나, 말을 더듬는 등의 증상이 나타나게 된다. 취학 초기에는 글씨를 베껴 적는 데 어려움을 겪거나, 학습 자체에 취미를 잃기가 쉽다. 그러나 사물이나 그림, 도표의 의미를 받아들이는 능력에는 지장이 없어 지능 저하로 인한 학습장애와는 감별되고 있다(이홍재, 김미라, 남기춘, 1998, 교육심리학 용어사전, 2009).

난독증은 초등학교 저학년 때에는 읽기나 받아쓰기를 어려움을 호소하게 된다. 또한 저학년 때에는 그 증상이 확실히 드러나지 않다가 4, 5학년이 되면서 학습 부진으로 발전하게 되는 경우가 대부분이다. 난독 증상을 가진 어린이는 정상적인 어린이들보다 말을 더디게 배우거나 발음상 문제가 나타나고, 숫자를 익히거나 단어를 맞추는 데 어려움을 겪기도 하며 글자를 거꾸로 적는다. 그런가 하면, 난독증은 간혹 색깔과 형태를 혼동하기도 한다(장영건, 최훈일, 연제용, 2009, 교육학용어사전, 2011). 난독증은 전 세계 언어권에서 나타나고 있는 장애이지만 비교적 발음 체계가 복잡한 영어권에서 많이 발생하고 있다. 또한 비슷한 단어가 적은 언어권 나라일수록 그 발병률이 낮은 것으로 조사되고 있다.

2) 난독증과 얼렌 증후군

얼렌 증후군은 심리학자 얼렌(Helen Irlen)에 의해서 발견된 것으로 난독증을 호소하는 사람에게 나타나는 증상이다. 얼렌 증후근은 뇌가 시각적 정보를 인식할 때, 정상과 다르게 인식하여 발생하는 현상이다. 얼렌 증후근은 주로 독서와 학습 등에 영향을 미친다. 이 증후근은 책을 읽을 때 눈의 긴장감, 공간 왜곡 및 두통 등의 증상이 나타난다. 그러나 컬러 필터를 이용하여 책을 읽으면 증상이 호전되는 것으로 알려져 있다(1980년대 Olive Meares). 얼렌은 난독증을 가진 사람들에게서 비슷한 증상을 발견하였고 이에 대해 얼렌 증후군 또는 광과민성 증후군으로 명명하였다. 얼렌에 따르면, 얼렌 증후근은 난독증이나 주의력 결핍장애로 진단받은 사람들에게서 46% 정도에 유별률이 있는 것으로 조사 되었다(시사상식사전, 2008).

얼렌 증후군의 원인은 명확하지 않으나 발생하기 전에 대한 몇 가지의 가설이 있다. 얼렌은 특정 파장의 빛에 대한 망막의 과민성 때문에 시각적 인식에 장애가 발생하며 과민성을 보이는 빛의 파장은 개인마다 다르다는 것이다. 윌킨스에 의하면, 비슷한 시기에 뇌 시각 피질의 과도한 흥분 때문에 두통과 눈의 긴장감, 피로가 발생한다고 설명한다(실험심리학용어 사전, 2009).

얼렌 증후군의 증상은 눈의 긴장감, 피로, 편두통 등의 두통, 메스꺼움(오심), 공간 감각 장애, 인지 시야의 제한(정상보다 좁은 시야 인지), 패턴 인식 장애, 고대 조도 시 인식 장애(너무 밝거나 너무 어두울 때 인식 장애), 난독증 등이다. 난독증은 특히, 흰 종이 바탕의 검은 글자일 때 심해짐, 글자가 움직이거나 글 사이의 흰 줄이 흐르는 것처럼 보이는 등의 증상 호소하는 것으로 알려져 있다. 얼렌 증후군은 주의력 및 집중력 결핍 장애, 부분만 인지하고 전체를 인지하지 못하는 등의 증상이 나타난다(특수교육학 용어사전 2010).

3) 난독증의 원인과 유형

난독증은 통상적으로 발달상의 문제로 인한 선천성 난독증과 사고 후 뇌 손상으로 인한 후천성 난독증으로 구분하고 있다. 그러나 연구자는 2가지 유형 이외에 심리학적 원인이 있다고 본다. 예를 들면, 내향적인 성격 소유자, 완벽주의. 과도한 인정욕구, 열등감 등의 심리적 요인으로 난독 증상이 나타난다. 또한 난독증은 컴퓨터의 발달과 스마트폰 등 인터넷 매체의 발달로 인해 더욱더 가중되고 있다.

선천적 난독증은 아직 확실하게 밝혀지지 않았지만, 뇌의 좌우 불균형이 원인일 것이라는 설이 제기되고 있다. 즉 공간지각 기능을 담당하는 우뇌에 비해서 언어 기능을 담당하는 좌뇌의 기능이

상대적으로 뒤쳐지는 증상으로 난독증을 설명할 수 있다. 후천성
난독증은 주변성 난독증과 중심성 난독증으로 구분한다. 주변성 난
독증은 무시 난독증2), 주의성 난독증3), 낱자 단위 읽기 난독증4)이
있다. 중심성 난독증은 표층성 난독증5), 음운성 난독증6), 심층성 난
독증7), 의미 없이 읽기 난독증8)이 있다(특수교육학 용어사전 2010,
실험심리학 용어 사전 2009, 장영건, 2005, 2006).

4) 난독증 증상과 진단

난독증의 증상은 청각적 난독증, 시각적 난독증, 운동 난독증으로
설명된다. 청각적 난독증은 비슷비슷한 소리를 들어도 그 소리들을
구분해서 말하는 데 어려움을 느끼는 것이다. 시각적 난독증은 글
이나 단어를 보고 소리로 표현하는 데 어려움을 느끼는 증상이다.

---

2) 단어의 처음 반이나 마지막 반을 잘못 읽거나 놓치며, 시야의 한 쪽 반을 무
   시하는 경향이 있다
3) 낱자는 잘 읽지만, 단어 안의 낱자를 명명하는 데에는 매우 서툴다.
4) 단어 안의 각 낱자를 하나하나 읽어보고 나서야 단어를 인식할 수 있다.
5) 단어가 아닌 것은 정확하게 읽지만 단어는 잘 읽지 못하거나 규칙화시켜서
   읽는다.
6) 단어는 잘 읽지만 임의로 만들어진 단어가 아닌 문장은 잘 읽지 못한다.
7) 읽으려고 하는 어떤 단어 대신 의미적으로 관련되어 있는 단어를 읽는다.
8) 문자열의 의미는 알지 못하지만, 그 문자열을 소리 내어 읽을 수 있는 난독
   증세이다.

운동 난독증은 글쓰기를 할 때 손을 움직이는 방향을 헷갈려 하는 경우로 보통 "ㄱ"자를 쓸 때 위에서부터 쓰는 것인데 밑에서 위로 거꾸로 쓰는 증상이다. 이외에도 난독증 증상을 보이는 아이를 관찰하면 다음과 같은 증상이 나타난다(최훈일, 윤재열, 장영건, 2007, 실험심리학용어 사전 2009).

1) 말이 늦게 트이거나 말을 더듬는다.
2) 말이 어눌하게 들린다.
3) 발음이 명확하지 않거나 틀린다.
   가령 '스파게티'를 '파스케티'로, '헬리콥터'를 '헤콜립터'로 말한다.
4) 단어를 기억해 내는 데 어려움을 겪는다.
5) 문장을 읽어도 뜻을 잘 인지하지 못한다.
6) 철자를 자주 틀린다.
7) 글쓰기에 어려움을 겪는다.

난독증은 신경학적 검진, 학습 능력 검사, 심리적 요인에 대한 분석 등을 통한 다각도의 진단이 필요하다. 특별한 영상학적 검사로 진단하는 것은 아니나, 증상이 전혀 없던 아동에서 갑작스럽게 증상이 발생하거나 급성으로 진행하는 경우, 성인에서 증상이 발생하는 경우에는 뇌의 기질적 병변을 의심할 수 있으므로 영상학적 검사가 필요할 수 있다(최훈일, 장영건, 2008, 서울대학교병원 의학정보 2012).

· 신경학적 검진

난독증 이외의 다른 신경학적 이상은 없는지 확인이 필요하다. 다른 신경학적 이상 증후가 발견될 경우, 단순한 난독증이 아닌 다른 신경과적 질환이 있을 수 있어 신경과나 소아신경과 전문의에 의한 자세한 검진을 하게 된다.

· 학습 능력 검사

전반적인 학습 능력의 부진인지, 난독증에 의한 학습 능력 장애인지 감별을 위해 필요하다.

· 언어능력 검사

난독증의 정도와 범위에 대해 파악하기 위해 필요하다. 읽기와 이해하기를 비롯하여 말하기, 사물의 명칭 대기, 따라 말하기, 쓰기 등 언어 능력의 전반에 대해 검사를 시행한다(최훈일, 홍성웅, 연제용, 장영건, 2007).

· 자기공명영상(MRI)[9]

_____

9) 자기공명영상은 X선을 이용한 검사인 단순 X선 촬영이나 CT와는 달리 비전리 방사선인 고주파를 이용하는 검사이므로 인체에는 사실상 해가 없다는 것

자기공명상은 자기장과 방사선인 라디오 고주파를 이용해 체내 연부조직을 통해 생화학적 특성에 관한 정보를 얻을 수 있는 검사이다. 자기공명영상(MRI)는 뇌에 대해 횡축 방향, 세로축 방향, 사선 방향 등의 영상을 자유롭게 촬영할 수 있어 난독증이 있는 환자를 판별하는데 도움을 준다.

· 양전자방출 단층촬영(PET)[10)

이 중요한 장점 중의 하나이다. 인체에 해가 없는 자기장과 비전리 방사선인 라디오 고주파를 이용해 조영제 없이도 CT에 비해 체내 연부조직의 대조도가 뛰어나며 수소원자핵을 함유한 조직의 생화학적 특성에 관한 정보를 얻을 수 있다. 인체를 단면으로 보여준다는 점에서는 CT와 유사하지만 CT에서는 인체를 가로로 자른 모양인 횡단면 영상이 위주가 되지만 MRI는 환자의 자세 변화 없이 원하는 방향에 따라 인체에 대해 횡축 방향, 세로축 방향, 사선 방향 등의 영상을 자유롭게 얻을 수 있다는 장점도 있다.

10) 양전자 단층촬영(PET)은 양전자를 방출하는 방사성 의약품을 이용하여 인체에 대한 생리, 화학적, 기능적 영상을 3차원으로 나타낼 수 있는 핵의학 검사 방법 중 하나이다. 현재 각종 암을 진단하는 데 주로 활용되고 있으며 암에 대한 감별 진단, 병기 설정, 재발 평가, 치료 효과 판정 등에 유용한 검사로 알려져 있다. 이외에도 양전자 단층촬영(PET)을 이용해 심장 질환, 뇌질환 및 뇌 기능 평가를 위한 수용체 영상이나 대사 영상도 얻을 수 있다. 음(-) 전하를 가지고 있는 전자와 물리적 특성이 유사하지만 정반대로 양(+) 전하를 가지고 있는 것을 양전자라고 한다. 이러한 양전자는 방사선의 한 종류로서, C-11, N-13, O-15, F-18 등의 방사성 동위원소에서 방출되며, 이러한 원소들은 생체 물질의 주요 구성 성분이기 때문에 이들을 이용하여 특정 생리?화학적, 기능적 변화를 반영하는 추적자(tracer)인 방사성 의약품을 만들 수 있다. 일례로, 가장 흔히 이용하는 방사성 의약품인 F-18-FDG는 포도당 유사 물질이어서, 이를 주사하면 몸 안에서 암과 같이 포도당 대사가 항진된 부위에 많이 모이게 된다. 방사성 동위원소에서 방

양전자 단층촬영(PET)은 인체에 대한 생리, 화학적, 기능적 영상을 3차원으로 나타낼 수 있는 핵의학 검사 방법 중 하나이다. 이 검사는 현재 각종 암을 진단하는 데 주로 활용되고 있으며 심장 질환, 뇌 질환 및 뇌 기능 평가를 위한 수용체 영상이나 대사 영상으로 판별하는 데 도움이 되는 검사이다. PET검사를 통해서 난독 증상의 정도를 알 수 있다.

5) 난독증 치료 방법

난독증은 언어치료[11], 시각훈련[12], 데이비스(Davis) 난독증 프로그

출된 양전자는 방출 후 아주 짧은 시간 동안에 자체 운동에너지를 모두 소모하고 이웃하는 전자와 결합하여 소멸하게 되는데, 이때 180°의 각도로 2개의 소멸 방사선(감마선)을 방출하게 된다. 원통형으로 만들어진 양전자 단층촬영(PET) 스캐너는 동시에 방출되는 2개의 소멸 방사선을 검출할 수 있는 장치이다. 이렇게 검출된 방사선을 이용해 영상을 재구성하면, 신체의 어떤 부위에 방사성 의약품이 얼마나 모여 있는지를 3차원 단층영상으로 나타낼 수 있다. 최근에는 양전자 단층촬영(PET) 스캐너와 컴퓨터 단층촬영(CT) 스캐너를 하나로 결합시킨 양전자/컴퓨터단층촬영(PET/CT) 스캐너가 널리 보급되어 있다. 양전자/컴퓨터단층촬영(PET/CT)은 컴퓨터 단층촬영(CT) 스캐너의 첨가로 해부학적 정보 제공과 함께 좀 더 정확한 영상 보정이 가능하여 기존 양전자 단층촬영(PET)에 비해 영상 화질이 한층 우수하다.

11) 언어치료(speech therapy) : 정신 지체, 난청, 정서적 문제, 발음 문제나 말더듬, 자폐증, 뇌 외상 및 간질, 뇌졸중 등의 신경학적 이상의 후유증 등 여러 가지 요인으로 발생한 언어 장애를 치료하기 위한 방법이다. 특히 언어 발달 지체를 가진 아동의 경우, 표현할 수 있는 단어와 개념이 부족하여 일

램, 청각훈련13), 뉴로 피드백(neuro-feedback)14) 알프레드 토마티스

반 아동들보다 말하는 문장의 길이가 짧고 단순하며 상황에 적절한 대화를 잘 하지 못하는데, 이러한 아동의 언어 능력 향상을 위해서 실시한다. 성인의 언어 치료의 경우 주로 뇌 손상이나 신경학적 이상과 연관된 경우가 많으며, 이러한 경우 이전에 이미 언어 습득이 되어 있는 상태이므로, 주로 발음 교정을 위한 근육운동이나 사물 이름 대기와 같은 재활의 개념으로 치료가 진행된다. 즉, 언어 치료는 언어 발달 지체, 말더듬, 조음 장애 등의 전반적인 의사소통 문제로 인해 사회 적응에 어려움을 갖고 있는 아동과 성인의 의사소통을 원활하게 하기 위해 전문적으로 치료하고 교육하는 것이다. 치료 시기는 실제 연령과 그 연령에서 기대되는 언어 획득 정도의 차이에 따라, 또 원인에 따라 매우 다양하지만, 보통 조기에 발견하여 치료하는 경우 치료 반응이 더 좋다고 알려져 있다. 언어 치료에 있어서 완치라는 개념을 적용하기는 어려우며, 보통 기저 질환을 갖지 않은 심리적인 문제로 인한 경우에는 치료 반응이 더 좋은 편이다.

12) 시지각훈련은 시각적인 자극이 처리되는 신경과정이 원활히 기능하도록 훈련하는 것을 말한다.

13) 청지각훈련은 주로 '토마티스' 훈련을 말하는데 글을 읽기 위해서는 시지각 뿐 아니라 청지각도 필요하기 때문에 청지각 과정을 개선하는 훈련이다. 머리가 좋다' 라는 뜻의 '총명(聰明)' 또한 '귀(귀 밝을 총)' 와 '눈(밝을 명)' 으로 전해지고 있듯이 주의력도 '청각 주의력' 과 '시각 주의력' 으로 나눌 수 있습니다. 청각주의력은 오감 중 소리에 집중하는 능력입니다. 말로 주어지는 지시를 잘 듣고 그 지시에 따른 행동을 알맞게 실행하는 능력, 즉 잘 듣고, 방해자극은 무시하고 지시를 정확히 수행하는 능력이 바로 '청각주의력' 입니다.

14) 뉴로 피드백 : 뇌파는 이렇게 정상적인 정신 작용에 따라 그 진동이 빠르거나 느려진다. 만일 그렇지 않으면 뇌의 기능이 비정상이라는 의미다. 예를 들면 주의가 산만한 주의력결핍증(ADD) 환자는 뇌파가 정상인에 비해 느리다. 지능이 낮은 경우 역시 느리다. 또한 질병에 따라 다양한 특성의 뇌파가 나타난다. 예를 들면 간질은 3Hz 뇌파가 강하게 나타난다. 자폐나 정신지체, ADD나 ADHD(주의력결핍 및 과잉행동장애), 치매 등은 모두 세타파가 아

(Tomatis Method) 훈련 프로그램15)등 여러 방법이 있으나 한 가지로 치료법이 정해진 것은 아니다. 치료의 목적은 난독증 자체를 없애는 것이 아니라, 난독증을 가진 아이가 효과적으로 학습할 수 있는 방법을 찾아내고, 새로운 학습 방법에 적응하도록 도와주는 것이다. 왜냐하면 난독증은 신경학적 문제로 시작되지만 심리적 문제가 혼합되어 나타나는 증상이기 때문이다. 따라서 난독증 극복은 심리적인 안정여부가 중요하게 작용한다.

주 강해진다. 우울증은 우뇌가 좌뇌보다 뇌파의 진동이 더 빨라진다. 이렇게 정상적인 뇌와 비정상적인 뇌는 뇌파에서 분명한 특징을 나타내기 때문에 뇌파를 측정하여 뇌의 이상 여부를 판단할 수 있다. 만일 비정상적인 뇌의 리듬을 조절해 정상적인 리듬으로 바꿀 수 있다면 뇌의 기능도 정상이 될까? 일반적으로 뇌의 리듬처럼 자율신경계가 조절하는 몸의 기능은 우리가 통제할 수 없는 것으로 알려졌다. 그러나 미국 예일대의 밀러 박사는 내장이나 심장의 근육처럼 우리 의지로 조절할 수 없는 근육(불수의근)이나 자율신경계도 조건에 따라 우리 의지로 조절이 가능하다는 사실을 1950년대에 발견했다. 이렇게 불수의근이나 자율신경계를 우리 의지로 제어하는 기술이 바로 바이오피드백(biofeedback)이다. 특히 뇌파를 통제하는 바이오피드백 기술을 신경이란 의미의 접두사 뉴로(neuro-)와 결합해 뉴로피드백(neurofeedback)이라 부른다.

15) 청지각 분야의 창시자로써 '귀의 아인슈타인' 이라고 불리우는 프랑스 이비인후과 의사 겸 파리 카톨릭대학의 음성심리학 교수인 알프레드 토마티스(Alfred Tomatis(1920~2001)박사에 의해 만들어진 Tomatis Method는 최초의 청지각 훈련 프로그램으로 50여년의 노하우를 통하여, 전 세계 40여 개국, 400개 이상의 공공 기관과 사설 기관에서 사용되고 있으며, 그 효과가 입증이 된 프로그램으로 매년 학습장애나 의사소통의 어려움 혹은 정서장애, 집중력장애, 난독증, 전반적 발달 장애를 겪고 있는 수 만명의 사람들을 돕고 있습니다. 유럽 연합은 많은 연구를 통해 실효성이 입증 된 토마티스 훈련기법을 개의 공립학교에 도입하기 위한 경제적 지원을 하기로 결정하였습니다.

난독증은 언어치료사나 특수 교사의 전문화된 도움과 아이에 대한 이해 및 지지가 중요하다. 효과적으로 학습 장애를 극복할 경우 정규 교육 과정을 지속할 수 있으나, 일부 경우에는 특수 교육이 필요할 수 있다. 아직은 완치할 수 있는 치료법이 없으며, 각 치료법마다 장점과 한계가 있다. 선천성의 경우 읽기의 기초를 쉽게 배우는 5~7세에 치료하는 것이 가장 효과가 크지만 환자의 부모들은 지진아로 오해하는 경우가 많기 때문에 치료시기를 놓치기 쉽다(특수교육학 용어사전 2010).

난독증의 치료는 우리에게 잘 알려진 유명 인사에게서 사례를 알 수 있다. 예를 들면, 네오나르도 다빈치[16], 앤드류 잭슨(대통령)[17], 윈즈턴 처칠(총리)[18], 토마스 에디슨[19], 알버트 아인슈타인[20], 조지 부시(대통령)[21], 톰 크루즈(배우)[22], 매직 존슨(농구선수)[23], 키아누

---

16) 노트를 기록할 때에 거울을 보듯 거꾸로 기록하였다. 그가 쓴 원고를 보면 난독증의 특징인 철자 오류를 보인다.

17) 글쓰기에 어려움을 겪었고 독서를 싫어했다. 1828년 대통령 선서에서 화제가 되었을 정도로 그의 악필은 아주 유명했다.

18) 학업 성적이 저조했고, 어렸을 때 말을 더듬었다.

19) 선생님들은 나를 보고 머리가 썩었다고 했다. 나는 정말 내 자신이 저능아인 줄 알았다.

20) 어렸을 때에 학습 속도가 느렸고, 스위스 연방 공과대학 입학시험에 낙방했다.

21) 단어를 잘 못 사용하는 등 숱한 정치적 실수는 그의 난독증에 기인한다.

22) 나는 집중하기 위한 훈련을 했다. 내가 읽은 내용을 이해하기 위해서 머릿

리브스(배우)[24] 등은 난독증을 극복하고 치료한 사람들이다(실험심리학용어 사전 2009).

5. 학습 부진의 특징과 진단 척도

커크(Kirk,1962) 학습 부진 진단 척도

① 주의력에서 지속성이 없고 흥미가 산만하다.	
② 상상력, 창의력, 사고력이 한정되어 있다.	
③ 자극에 대한 반응 시간이 느리다.	
④ 매사에 무관심하며, 자신이 없고, 의타적이며, 흥분과 민감성을 보인다.	
⑤ 지적으로 지진하며, 특히 읽기에서 더 심하고, 성취연령이 생활연령에 비해 낮은 편이다.	
⑥ 자기 신뢰감이 결여되어 있거나 쉽게 상실된다.	
⑦ 남에게 잘 속고 마음이 불안정하며, 수줍음을 잘 타고 복종적이다.	
⑧ 파지 및 기억력이 낮다.	

속에 시각화 하는 방법을 스스로 터득했다.

23) 나는 사람들에게 단지 나도 글을 읽을 수 있다는 것을 보여 주고 싶었다.

24) 나는 성격도 나빳고, 결국 고등학교를 졸업하지 않았다. 학교공부는 시간낭비라 생각했다.

⑨ 추상적 사고, 상징적 표현, 결과의 평가, 행동 중의 예측 등에 대한 능력이 약하다.	
⑩ 개념의 전이와 확산, 흥미의 지속성이 결여 되어 있다.	
⑪ 자제력이나 상황의 변화, 대인관계의 적응력이 약하다.	
⑫ 독창성, 어휘력, 집약성, 합리성, 개념 구성, 판별력, 분석력 등의 수준이 낮다.	
⑬ 공포, 불안 등에 의하여 쉽게 혼란을 느낀다.	
⑭ 게으른 편인데, 이것은 건강 및 정서적인 부적응에서 기인 된다.	
⑮ 조속한 결과를 기대하며, 결론을 비약하려는 경향이 강하다.	

홍재호(1979)가 밝힌 학습부진아의 공통적인 특성

① 일반적으로 지능이 낮다.	
② 기억력이 낮다.	
③ 학습 동기, 지적 호기심, 흥미 등이 약하다.	
④ 기초적인 학습 기능이 결손 되어 있다.	
⑤ 학습 기술이 부족하다.	
⑥ 학습 행동이 부적절하다.	
⑦ 학습 속도가 느리다.	

고팀(Gautam,2021) 학습 부진 척도

① 제한된 인지 능력을 가지고 있다.	
② 기억 능력이 좋지 않다.	
③ 산만함과 주의집중 부족이 포함된다.	
④ 언어를 통해 자신의 생각을 표현할 수 없다.	
⑤ 개발 도상국에서 학습부진아는 사회적 문제와 교육적 문제가 발생한다.	

기타 특성

① 목표 통합과 자기주도성 결여	
② 자신감 부족	
③ 인내하지 못함	
④ 열등감	
⑤ 사회적 미성숙	
⑥ 정서적 문제	
⑦ 반사회적 행동	
⑧ 낮은 자아개념	
⑨ 불안정한 가정환경	

Reference

권점례 · 장경숙 · 가은아(2014). 학교 교육에서 학습코칭 활성화 방안. 서울: 한국교육과정평가원.

노원경 · 박선화 · 장경숙(2016). 일반고 학습부진학생 교수학습 지원 방안(I) : 수학, 영어 교과를 중심으로. 서울: 한국교육과정평가원.

박병량 · 이영재 · 조시화(1980). 학습 부진아 유형분석에 관한 기초 연구. 서울: 한국교육개발원.

박성익(1986). 학습부진아교육. 서울: 한국교육개발원.

박윤희(2010). 성공적인 커리어코칭 과정에 관한 연구. 숭실대학교 대학원. 박사학위논문.

서병완(1983). 학습부진아의 유형분석과 상담모형개발. 한양대학교 대학원. 박사학위논문.

신을진 · 이일화(2010). 학습코칭프로그램이 학습부진아의 학습전략에 미치는 효과. 아시아교육연구, 11(4), 145-165.

오상철 · 김도남 · 김태은 · 김영빈(2010). 학습부진 학생 지도의 실효성 제고를 위한 지원 연구 : 학습코칭 및 동기향상 프로그램 개발. 서울: 한국교육과정평가원.

오상철 · 노원경 · 김영빈(2011). 학습저해요인 진단도구 및 처치 프로그램 개발. 서울: 한국교육과정평가원.

이대식 · 남미란 · 김양주 · 류경우(2010). 학습부진 유형 진단검사의 개발 및 타당화. 학습장애연구, 7(3), 19-41.

정희정 · 김소연(2012). 아동코칭프로그램의 현황과 개발방향 -학습코칭프로그램을 중심으로. 코칭연구, 5(1), 27-48.

조성진(2009). 코칭이 자기효능감, 성과 및 가족관계에 미치는 영향과 이에 대한 감성지능의 조절효과. 충남대학교 대학원, 박사학위 논문.

난독증 Reference[25)]

Adler, A. The Individual Psychology of Alfred Adler, ed. by H.L & R.R. Ansbacher (New York: Basic Books, Inc., 1956), 24-27.

Bakker, D. J., Moerland, R., & Goekoop-Hoefkens, M. (1981). Effects of hemisphere-specific stimulation on the reading performance of dyslexic boys: A pilot study. Journal of Neuropsychology, 3(2), 155-159.

Bakker, D. J., "Neuropsychological classification and treatment of dyslexia", Journal of learning disabilities, 25:102-109, 1992.

Bakker, D. J. (2006). Treatment of developmental dyslexia: A review. Pediatric Rehabilitation, 9(1),3-13.

Larsen, J., Hoien, T., & Odegaard, H. (1992). Magnetic resonance imaging of the corpus callosum in developmental dyslexia. Cognitive Neuropsychology, 9(2), 123-34.

Manis, F. R., Custodio, R., & Szeszulski, P. A., "Development of phonological and orthographic skill: A 2-year longitudinal study of dyslexic children", Journal of Experimental Psychology, 56, 64-86, 1993.

Matvy, Mike, "A Silicon Bullet For Dyslexia: A New Solution For An, Old
교육심리학 용어사전 2009 "난독증"
교육학용어사전 2011 "난독증"
김상인 『상담심리용사전』 (서울: 생명의 샘가, 2013), 130-135.
시사상식사전 2008
실용용어사전 2009
장영건, 최훈일, 연제용, "난독증 학습장애인을 위한 가상 색 오버레 이 연구", 정보처리학회논문지 B 제16-B권 제3호, pp215-224, 2009. 6.
장영건, "난독증 학습장애자를 위한 보조기술", 전자공학회지, 32

25) 참고문헌은 본 연구에 참고문헌으로 사용한 것 이외에도 향후 난독증 연구를 하고자 하는 분들에게 도움이 될 수 있는 자료를 정리하였음.

(3), 314-321, 2005.

장영건, "난독증과 시각적 결함의 관계에 관한 연구", 산업과학연구, 23(1), 155-162, 2006.

장영건, 박승환, 최훈일, "시각적 정보처리 결함을 완화하는 가상 색 오버레이 구현", 재활복지, 12권 1호, pp138-159, 2008. 4.

장영건, "정보기술과 난독증 학습장애", 정보화정책, 12(2), pp13-29, 2005.

최훈일, 윤재열, 장영건, "난독증 학습장애인을 위한 H/W 기반 색 오 버레이의 구현", 제1회 한국재활복지공학회 추계학술대회 제1권 제1 호, 31-34, 2007. 10.

최훈일, 장영건, "난독증 학습장애인을 위한 가상 색 오버레이 구현과 평가", 제29회 한국정보처리학회 춘계학술발표대회 논문집 제15권 제1호, 171-174, 2008. 5.

최훈일, 장영건, "난독증 학습장애아를 위한 철자 및 음운의 청각-시각적 훈련 특수교육학 용어사전 2010 "난독증"

디지털 러닝과 튜터

Ⅱ

Digital
Learning &
Tutor

II. 디지털 러닝과 튜터

이한진

1. 공교육의 디지털 학습

1) 디지털 대전환 시대와 교육혁신

오랜 기간 전 세계가 코로나-19 팬데믹으로 곤욕을 치렀다. 교육 분야도 마찬가지다. 국가가 시민의 건강과 안전을 최우선으로 관리해야 하는 상황에서 거의 모든 나라에서 학생들은 오랜 기간 집에만 머물렀다. 공교육은 장기간 마비 상태에 빠졌다. 한국에서는 급기야 개학을 연기하기에 이르렀다. 그러나 마냥 양질의 교육을 제공해야 할 의무를 지닌 국가로서는 코로나 종식까지 마냥 사태를 지켜볼 수만은 없었다. 당시 우리나라는 소위 'K방역'으로도 모범이 되었지만, 무엇보다 공교육 부분에 있어서 획기적인 대응으로 전 세계의 이목을 집중시켰다.

우리 교육계는 디지털 교수·학습 환경이 학교에 비교적 잘 구축된 상태였고, 가정에서도 PC와 스마트폰을 비롯한 디지털기기 확보 상황이 매우 양호했다. 교육부는 이러한 점을 활용하여 온라인 개학을 추진하였고, 교사는 녹화 강의 및 원격 화상 수업 등을 통해 학생들의 학습권을 보장했다. 이것은 이미 대한민국이 교육 분야에서 디지털의 장점을 활용할 수 있는 여건이 충분히 조성되었기 때문에 가능했던 일이다. 또한 디지털 환경을 이용한 수업 운영, 학생 관리 등에 대한 기본적인 역량을 갖춘 교사들이 많았던 점도 긍정적으로 작용했다. 이것은 에듀테크에 대한 국민 일반의 인식을 긍정적으로 변화시켰다. 디지털 대전환 시대, 교육과 기술의 결합은 피할 수 없는 흐름이다.

그러나 여전히 교육에 대한 혁신을 강조하고 있지만 디지털 환경의 변화 속도에 비하면 교육 분야의 대응 속도는 그다지 빠르지 않다. 우리나라는 높은 수준의 디지털 기술과 인프라를 보유하고 있지만, 학교 교육의 질 향상을 위한 그것의 활용 수준은 OECD 국가 중 평균 이하다.[26] 그런 와중에 2016년에 알파고가 사회 전반에 가져다준 충격 이후 이제는 챗GPT가 학교 교육에도 변화의 바람을 예고하고 있다. 에듀테크는 일대일 맞춤형 학습과 비정형 학습의

---

26) 관계부처 합동(2023), 에듀테크 진흥방안, p. 2.

구현, 로봇 교사의 등장으로 나아가고 있으며, VR과 AR은 학습에 몰입감을 배가시킨다.[27] 디지털 사회를 살아갈 미래세대를 위한 교육 방법과 처방을 적극적으로 수용해야 한다.

2) 에듀테크 성장과 공교육 혁신을 위한 정부 대응

2023년 정부에서는 생성형 AI의 시대에 다양하고 혁신적인 교육과 기술의 결합이 공교육의 질 개선으로 이어질 수 있도록 관계부처 합동으로 「에듀테크 진흥방안」을 발표했다. '모든 교사가 에듀테크를 활용하여 학생 맞춤 교육 실현'이라는 비전을 제시했으며, 추진 목표로 '공교육과 에듀테크가 함께 발전하는 선순환 생태계 구축', 그리고 '학생·학부모의 부담을 야기하는 사교육이 공교육을 지원하는 에듀테크 산업으로의 전환 지원'을 설정했다.[28]

현재, 에듀테크 산업은 민간 기업 주도의 개인 학습자 대상 서비스가 주를 이루고 있다. 디지털 대전환 시대를 맞이하여 디지털 기술을 적극 활용해 공교육 혁신을 이끌어야 한다. 민관이 함께 협력해야 할 뿐만 아니라 공교육의 영역에서 디지털 교육환경의 기여 방안을 모색해야 한다. 공교육과 민간의 협력이 다소 우려스러운

---

27) 홍정민(2021), 에듀테크의 미래, 서울: 책밥, pp. 45-47.

28) 관계부처 합동(2023), 에듀테크 진흥방안, p. 15.

측면도 있지만, 예상되는 부정적 측면을 잠재우면서 지혜로운 대응이 절실하다. AI 기술의 경우 민간의 전문성이 없이는 지속적인 발전이 어렵다. AI 기술의 성공적인 학교 교육 안착을 위해서는 민간 부문과 협력함으로써 엄청난 시너지 효과를 기대할 수 있다. 디지털 대전환 시대에 맞게 교육 내용·방식의 근본적 변화가 요구되는 상황에서 공교육에서도 과감한 변화 노력과 시도가 필요하다.

교육부에서는 디지털 대전환 시대에 대비하여 '모두를 위한 맞춤 교육의 실현'을 기치로 「디지털 기반 교육혁신 방안」을 발표했다. 이것은 모든 학생을 소중한 인재로 키우기 위해서는 맞춤형 교육이 필요하다는 인식 아래, AI 등 첨단 기술을 활용하여 교육의 질 제고가 가능하다는 기대에 따른 것이다. 이와 관련하여 교육부는 학교 교실 변화를 효과적으로 지원하기 위해서 AI 디지털 교과서 도입, 디지털 기술 전문성을 갖추고 학생의 디지털 러닝을 촉진할 수 있는 교사를 양성하겠다고 발표했다. 이와 관련하여 교육부가 밝힌 구체적인 추진 전략을 요약하면 다음과 같다.29)

첫째, AI 디지털 교과서는 해당 교과의 효과적인 학습을 도울 수 있도록 교과의 특성에 맞는 AI 기술을 적용한 교과서로서 2025년부터 단계적으로 학교 현장에 AI 디지털 교과서를 도입할 예정이다. 초등학교 3·4학년, 중학교 1학년, 고등학교 공통·일반선택 과목부터 운영할 계획이며, 수학, 영어, 정보 3개 과목을 먼저 도입하며,

---

29) 교육부(2023), 디지털 기반 교육혁신 방안, pp. 11-16.

과목별 성격을 고려하여 AI 디지털 교과서를 개발할 예정이다.

둘째, 디지털 기술 전문성과 인간적인 지도 역량을 모두 갖추고 수업을 혁신하는 교사들을 집중적으로 양성할 계획이다. 이미 학교 현장에서는 디지털 수업 혁신을 선도할 교사를 양성 중인데, 'T.O.U.C.H 교사단'30)은 2023년 400명에서 2025년 1,500명까지 확대할 방침이다. 'T.O.U.C.H 교사단'의 교사들은 민간 전문가 중심의 집중 연수를 받고, 향후 동료 연수를 통해 다른 교원들의 변화를 주도할 주체들이다. 디지털 선도학교를 운영하는 것도 같은 맥락이다. 주목할 점은 교육부가 2020년부터 전국적으로 AI 융합교육 전공 석사과정 교사를 연간 1,000명씩 양성하고 있다는 사실이다. 디지털 대전환 시대가 예고된 뒤, 일찍부터 정부 차원에서 전문인력 양성 등 체계적으로 준비해 온 셈이다.

셋째, 교육부는 AI 디지털 교과서를 활용하는 다양한 교수·학습모델을 개발하고 이를 현장에 제공하겠다고 발표했다. 학교급, 활용방식, 적용 과정 및 교과목을 고려하여 다양한 모델을 개발할 예정이며, 현장 적합도 높은 수업 모델 및 가이드라인 개발을 목표로 교사 및 민간 전문가 등으로 구성된 자문단을 운영할 예정이다. 또한 시도 교육청과 협력하여 2025년 AI 디지털 교과서가 원활하게 적용될 수 있도록 효율적이며 안전한 디지털 인프라 구축에도 힘쓰

---

30) T.O.U.C.H(터치, Teachers who Upgrade Class with High-tech) 교사단 : 첨단 기술을 바탕으로 맞춤 교육을 구현하고, 학생들과의 인간적인 연결을 통해 학생들의 성장을 이끄는 교사 그룹

겠다고 언급하고 있다. 사실, 디지털기기의 보급이나 디바이스의 기능과 사양, 학습데이터의 실시간 전송이 원활하게 이루어지기 위해서는 안정적인 무선망 환경도 필요하다. 디지털기기의 용도 이해, 이용 시간 조절 및 바른 습관 형성 등 학생의 디지털기기 자율 조절력 향상을 위한 실천 교육법 제공 등을 통해 역기능 차단에도 만전을 기해야 한다.

2. 디지털 러닝

1) 디지털 러닝의 의미와 장점

첨단 디지털 기술이 계속해서 발전함에 따라 학교는 점점 더 학생들에게 이전보다 개별화되고 개인화한 학습 경험을 제공할 수 있게 된다. 그중에서도 AI 기술은 개별 학습자에게 적합한 학습 내용을 그에게 최적의 방식으로 제공할 수 있는 상황으로 진보했다. 이러한 변화는 학습의 본질을 바꾸었다고 해도 과언이 아니다. 에듀테크는 소위 '디지털 러닝'으로 진화해 가고 있다. 디지털 러닝은 유의미한 학습 효과를 위해서 디지털 기술을 활용하여 학습을 개선하고 발전시키는 것을 의미한다. 디지털 러닝은 온라인 강의, 교육용 소프트웨어 및 앱, 가상 혹은 증강현실 기술, 인공지능 기반 학습 시스템 등을 활용하여 학습자의 경험을 향상시키고 학습 과정을 개인화하려는 목적을 가지고 있다. 디지털 러닝은 보다 효율적이고 유연한 학습 환경을 제공함으로써 학습자들이 더 나은 결과를 얻을 수 있도록 도울 수 있다. 디지털 시대에 디지털 러닝은 더 이상 선택이 아닌 필수다. 공교육에 디지털 러닝의 도입을 통해 학생에게 최적의 학습 기회를 제공할 수 있다. 이와 관련하여, 디지털 러닝이 지닌 장점을 정리하면 다음과 같다.

첫째, 학습의 개인화다. 디지털 러닝 플랫폼은 학습자의 수준과 학습 스타일에 맞춰 맞춤형 콘텐츠를 제공할 수 있다. 이는 학습자들이 자신의 속도에 맞게 학습할 수 있도록 돕는다. 실제로 디지털 사회는 개인화를 특징으로 한다. 오늘날, 컴퓨터에서 수학을 공부하면, 컴퓨터가 학생이 어떻게 학습하고 있는지 파악하고서 상호작용 방식으로, 맞춤 방식으로 학습을 할 수 있도록 하고 있다. 이는 궁극적으로 교육의 질과 교육 기회의 균등을 실현하는 데 기여할 수 있다.[31]

둘째, 학습의 효율성이다. 디지털 러닝은 언제 어디서나 접근할 수 있다. 학습자들은 편리하게 온라인 강의나 학습자료에 접근하여 공부할 수 있다. 디지털 학습은 전통적인 수업방식에 비해 시간을 절약할 수 있으며, 자신의 학습 역량에 따라 학습 시간을 유연하게 조절할 수 있다. 그뿐만 아니라, 디지털 러닝은 비용 절감 효과를

---

31) OECD(2023), *Shaping Digital Education : Enabling Factors for Quality, Equity*, p. 12.

볼 수 있다. 특히 온라인 강의와 모바일 앱을 통해 학습자들은 추가적인 교육자료나 교재를 구매할 필요가 없어지며, 특히 공교육 기관은 교육 비용을 절감할 수 있다. 디지털 러닝은 텍스트, 비디오, 오디오, 시뮬레이션, 게임 등 여러 가지 형태의 학습자료와 도구를 제공하므로 교사와 학생은 다양한 방식으로 학습하고 정보를 이해할 수 있다.

학생들은 배우는 내용뿐만 아니라 배우는 방식에 있어서 주체적 참여 의식 갖게 될 것이다. 학생들은 학교뿐만 아니라 어디에서든 학습에 참여할 수 있으며, 선택 시간과 장소에 대한 선택도 가능해진다. 학교는 배움의 장으로서 기능은 여전하지만, 디지털 기술에 의해 교사들이 교육을 제공하는 방식도 변화가 예고된다. 교사는 AI를 이용하여 AI에 기반한 교육과정을 설계하고 교육자료를 개발할 수 있을 것이다. 또한 AI 활용 학습 평가가 도입됨에 따라 학생들에게 학습 코칭과 학습 상담 등 한층 강화된 맞춤형 피드백을 제공할 수 있다.

2) 디지털 러닝의 세계적 추세

디지털 대전환이 교육의 패러다임을 근본적으로 변화시킨다는 예상은 어느 정도 보편화된 상식이다. 국가마다 선진화된 에듀테크를 선점하기 위해서 디지털 러닝 시스템 개발은 물론이고 디지털 시대에 최적화된 교육 모델 개발을 위해 박차를 가하고 있다. 그러나 한편으로 교육계는 여전히 암기 및 입시 위주의 주입식 교육에서 벗어나고 있지 못하다. 대한민국이 처한 실정이 특히 그렇다. 2016 년 다보스 포럼에서 4차 산업혁명 시대의 도래를 선포한 이래, 꽤 시간이 흘렀지만, 학교에서는 지금까지 이렇다 할만한 수업의 근본적인 변화는 찾기 어려운 게 사실이다. 세계경제포럼이 '일자리의 미래' 보고서에서 발표한 핵심 역량들은 모두 교사 중심의 단순 지식 전달 방식의 수업으로 개발하기 어렵다.[32]

이와 같은 문제를 개선하기 위해서 국내에서도 2022 개정 교육과정을 개발하면서 단편적 지식 암기 위주의 교육 방식을 지양하고, 탐구와 개념 기반의 깊이 있는 학습을 통해 핵심역량을 함양하는 데 주안점을 두었다고 밝히고 있다. 이것은 미래 사회의 예측 불가능성과 다양한 이해관계의 지속적 충돌 속에서의 공존과 화해, 인공지능과 인간을 대비하는 사회 담론의 활성화를 염두에 둔 교육과정으로서 OECD의 'DeSeCo 프로젝트'나 '교육 2030 프로젝트와 학습나침반 2030'과도 궤를 같이 한다.[33] 특히, OECD에서 제안하는 변혁적 역량의 함양이야말로 디지털 러닝과의 연속선상에서 모든 학생이 자신의 학습 목표, 학습 역량, 학습 속도에 맞는 맞춤 교육을 받고, 교사와 학생이 인간적으로 연결되는 체제를 구현해 나

---

32) 류태호(2023), 챗GPT 활용 AI 교육 대전환, 서울: 포르체, pp. 46-47.

33) OECD(2019), *Learning Compass 2030 Concept Note Series*, Paris: OECD.

갈 때 기대할 수 있다. 이와 관련하여 교육부가 「디지털 기반 교육혁신 방안」에서 소개하고 있는 해외 선진국의 디지털 교육으로의 체제 전환 사례 중 대표적인 것 3가지를 소개하면 다음과 같다.34)

첫째, 영국에서는 교육부가 영국교육기자재협회(BESA) 지원을 통해 학교를 위한 에듀테크 오픈 플랫폼인 'LendED'를 구축했고, 학교는 무료로 맞춤형 에듀테크 제품을 검색하여 체험할 수 있도록 했다. 사용 후기 작성과 열람도 가능하다. 또한, 2020년 '에듀테크 시범학교 프로그램(Edtech Demonstrator Programme)'을 통해 시범학교가 희망학교에 디지털·원격교육에 대한 컨설팅 등을 제공하도록 지원(총 4,000개 학교 참여)함으로써 디지털 기술을 활용한 교원 업무경감, 학생 학습성과 향상, 학교의 효율적 자원관리까지 도모하고 있다.

둘째, 미국에서는 교육자치제에 따라 연방 정부가 5년 단위로 「국가교육기술계획(National Education Technology Plan)」을 수립하여 미국 교육 내 기술 활용 방향을 제시하고, 주별 디지털 교육 격차 해소에 주력하고 있다. 특히, 2017년 수립한 「국가교육기술계획」은 미국 교육 전환을 위한 기술의 역할을 제시하고, 교사·정책가·행정가 등을 위해 학습, 교수법, 리더십, 평가, 인프라 등 영역별로 제언하고 있다. 참고로 디지털 러닝의 도입에 따라 이전과는 다른 차

---

34) 교육부(2023), 디지털 기반 교육혁신 방안, p. 5.

원의 교육 격차 문제가 예상되는바, 국내에서도 지금부터 교육격차 등 부작용을 방지하기 위한 준비도 필요하다.

셋째, 일본의 경우 문부과학성은 '기가(GIGA) 스쿨 구상' 정책을 통해 학생 1인 1기기(교육용 PC 1대당 학생 0.9명) 추진 및 일반교실 초고속 무선망(94.8%)을 정비하고, 디지털 교과서 교수학습 플랫폼 '학습e포털'을 구축했다. 기존의 디지털 교과서는 민간에서 유료로 판매되고 있으나, 2023년부터 영어 디지털 교과서의 경우 '학습e포털'을 통해 무상으로 제공하고 있다. 2022년 일본의 디지털 교과서 활용률을 살펴보면, 교사용은 81.4%, 학생용은 36.1%로 집계됐다.

3. 디지털 튜터

1) 디지털 튜터의 개념

디지털 러닝은 기술만으로는 성공할 수 없다. 디지털 사회의 학습이 목표로 삼는 것도 결국은 사람의 성장이다. 이를 위해서 AI와 협업하여 교실의 변화를 이끌 수 있는 조력자가 필요하다. 교사는 이러한 변화에 부응하여 학생들의 디지털 러닝을 촉진할 수 있는 역량을 함양해야 한다. 이를 위해서 교육부는 디지털 교육 대전환기를 맞이하여 교육 현장의 주체, 특히 교사가 공감할 수 있도록 끊임없이 소통하며 모두를 위한 맞춤 교육을 실현하기 위해 정책을 발굴하여 현장을 지원하고자 노력하고 있다. 그 가운데 하나가 바로 '디지털 튜터(digital tutor)'의 육성이다.

디지털 튜터는 사전에 등재된 단어는 아니다. 다만, 우리는 디지털(digital)과 한 명 이상에게 특정한 분야나 기술에 관해 보조나 지도를 제공하는 사람을 뜻하는 '튜터(totor)'의 합성어로서 '디지털 환경에서 학습을 지원하는 보조하는 사람' 정도로 그 의미를 유추해 볼 수 있다. 국내의 공교육 기관에서 처음으로 디지털 튜터를 사용한 사례는 서울특별시교육청이 있다.[35] 서울특별시교육청에서는 디지털 활용 역량 강화로 더 질 높은 수업과 교육활동 개선의 가능성을 확대하기 위하여 「2023 디지털 교수학습 지원 기본계획」을 발표했다. 그리고 여기서 디지털 튜터의 개념을 "학교 내 디지털 기술과 관련한 교육 또는 디지털 기술을 활용한 교육을 지원하는 업무를 맡아 학습활동을 촉진하고, 학습자와 상호 작용하여 학생들의 학습성과를 높이는 학습 지원자"라고 정의하고 있다.[36]

---

35) 물론, 국내의 한국자격검정평가진흥원에서 정식으로 등록한 '모바일 디지털튜터 1급' 민간 자격증이 있다. 여기서는 디지털 튜터의 개념을 '디지털 소외층이 겪는 소통의 어려움을 도와주는 자'로 정의하고 있다. 구체적인 역할은 음식점에서 있는 주문 기계를 활용하는 법, 공기관 서류 자동발매기의 사용법, 가고 싶은 병원 예약법 등 일상에서 만나는 디지털 환경에 쉽게 적응할 수 있도록 디지털 리터러시 습득을 도와주는 것으로 한정되어 있다.

유의할 점으로, 디지털 튜터는 AI 튜터와 다른 개념이다. AI 튜터는 지능형 튜터링 시스템(intelligent Tutoring System)을 의미한다. AI 기능이 탑재된 학습 도우미의 의미에 가깝다. 학생들은 방과 후 보충수업 등에서 예습이나 복습을 위해 AI 튜터를 활용할 수 있다. 학습 부진 학생이나 취약계층 학생들에 대한 온라인 보충학습 등을 위해 인공지능을 활용하는 모형 등 다양한 모델이 여기에 해당한다. 디지털 교과서가 대표적인 예다. 지능형 튜터링 시스템 중 일부는 질문을 해결하고 학생들이 제시하는 절차와 답변에 대한 피드백을 제공하기 위해 설계되었다. 이 시스템은 인지 및 정서적 수준에서 각 학생에게서 식별된 단점과 특정 요구 사항을 기반으로 인지된 어려움을 극복하고 학업 성취도가 향상될 수 있도록 개인화되고 적응이 가능한 학습 계획을 지원한다.[37]

그러나 이와 달리 디지털 튜터는 어디까지나 사람을 대상으로 사용되는 개념이다. 디지털 튜터는 오히려 AI 튜터의 분석을 기반으로 학생 개인의 특성에 맞는 학습이 이루어질 수 있도록 교사와 학생을 돕고, 학생의 역량을 최대한 발휘하도록 이끄는 역할을 수행해야 한다. 아울러, 학생 개인의 학습성과를 최대화할 수 있는 학습

---

36) 서울특별시교육청 중등교육과(2023), 2023년 디지털 교수학습 지원 기본계획, p. 35.

37) F. Niño-Rojas, D. Lancheros-Cuesta, M. T. P. Jiménez-Valderrama, G. Mestre. S. Gómez(2024), Systematic Review: Trends in Intelligent Tutoring Systems in Mathematics Teaching and Learning, *International Journal of Education in Mathematics, Science, and Technology*, 12(1), p. 223.

설계와 함께, 사회·정서적 변화를 관찰·진단하여 안정적인 상담·멘토링을 제공할 수 있어야 한다.

서울특별시교육청에서는 2023년 디지털 튜터를 선발해서 시범적으로 운영하고 있다. 이들은 공립 학교에 배치되어 디지털 러닝을 원활한 운영을 돕는 역할을 맡고 있다. 아직은 중고등학교나 특수학교에서 에듀테크 관련 기기들을 관리하고 유지보수하는 업무 수행에 머무르고 있지만, 보다 적극적으로 학습자 개별 디지털 러닝을 지원하는 방향에서 정책 추진이 필요하다. 궁극적으로 디지털 튜터는 학생들이 디지털 러닝을 통해 학습의 질을 높이고 있는지 확인할 수 있는 안목이 필요하다. 교사가 디지털 러닝이 제공한 학생 학습 결과를 적확하게 이해할 때 학생에 대한 학습 코칭도 적절하게 이루어질 수 있기 때문이다.

2) 디지털 튜터의 역할

서울특별시교육청에서는 모집 공고문에서 디지털 튜터의 역할을 다음과 같이 제시하고 있다. 디지털 튜터는 보조강사로 강의 준비와 태블릿 사용법 등을 학생에게 알려주는 역할 수행하며, 전문업체와 협력하여 교내 각종 에듀테크 관련 기기 관리 및 유지보수를 담당한다. 또한, 온라인 수업을 지원하고 디지털 학습 환경 기술지원, 학습을 방해하는 기술적 문제에 대해서 피드백을 제공한다. 언뜻 기술적 보조에 초점을 맞춘 것이다. 하지만, 튜터의 본질은 학생의 학습 지원이다.

아무리 좋은 디지털 러닝 기술이 있어도, 교사의 교육 방식에 대한 인식 전환이 수반되지 않았다면 AI 기술도 무용지물일 수 있다. 디지털 러닝도 교사가 건전한 교육 철학을 바탕으로 기존의 자신이 운영하던 가르침의 방식을 개선하려 할 때 효과가 발휘될 수 있다. 디지털 러닝을 결합한 교사의 교수법은 모든 학생이 개개인의 수준이나 학습 성향에 상관없이 유의미한 학습을 제공할 것이다.

디지털 역량이란, 단순히 디지털기기를 사용할 줄 아는 능력이 아니다. 디지털 역량은 학업을 비롯하여 일상에서 시의적절하게 디지털기기를 잘 활용하는 능력이다. 디지털 정보를 비판적 사고력을 바탕으로 제대로 판단하고, 목적에 부합하게 효과적으로 사용할 수 있는 능력을 포함한다.[38] 교육은 교사의 질을 능가할 수 없다는 말이 있다. AI를 활용한 교육도 역량의 성격이 다를 뿐이지 어디까지나 교사의 역량이 중요한 부분을 차지한다. 디지털 교과서가 학교에 실제로 들어왔을 때 대부분의 교사가 최소한의 역량을 갖추고 있어 이를 활용할 수 있어야 한다. 교육부는 디지털 교과서를 활용하여 학생들에게 맞춤 학습 환경을 제공하고, 학생들과의 인간적인 연결을 강화하며 교실 수업의 변화를 이끄는 교사들을 집중적으로

---

38) 염서영(2022), 아동청소년기의 디지털 역량강화를 위한 Grace & Force 프로그램 기반의 사례연구 : 메타버스 활용, 숙명여자대학교 박사학위논문.

양성할 예정이다. 교육부가 디지털 교과서가 도입할 시점을 염두에 두고 이미 T.O.U.C.H 교사단 운영을 확대하는 것도 같은 맥락이다.

T.O.U.C.H 교사단은 일종의 디지털 튜터를 선도하는 그룹으로서 다른 교사들에게 전달 연수를 진행하고 시도 교육청에 협조하여 디지털 러닝이 학교 현장에 성공적으로 안착하도록 돕는 역할을 맡고 있다. 공교육에 종사하는 모든 교사가 디지털 튜터로서의 역량을 강화해야 한다. 디지털 기술에 대한 전문성을 갖추었으며 수업 혁신에 대한 의지도 있어야 한다. 이를 기반으로 학습자가 학습 목표에 도달하도록 적절한 전략과 아이디어를 제공하는 것도 튜터의 임무다.

4. 디지털과 학습

1) 디지털 시대의 학습관

디지털 시대에도 근본적으로 실제 현장에서 학생들을 마주하고 있는 교사를 대체할 수는 없다. 상황과 분리된 지식, 활동과 분리된 지식은 디지털 시대에 적합하지 않다. 학습자는 실제 상황 속에서 공동체 내에서 하면서 함께 참여하고 있는 타자와의 연관, 즉 네트

워크를 구축하는 일과 관련된다. 지식을 전달하거나 지식을 구성하게 하는 것을 넘어서 관심 영역의 활동에 참여함으로써 체득되어야 한다.[39]

AI 디지털 교과서는 어디까지나 보조교사의 성격이 강하다. 교사의 업무는 오히려 보조교사들이 등장하면서 더 많아질 수 있다. 교사의 역할이 소위 하이터치 쪽으로 변화해서 수업방식도 바뀔 수밖에 없다. 이전에 전통적으로 학생들에게 교과 지식을 전달하기 위해서 들었던 공력이 상대적으로 줄어든다면, 학생 한 명 한 명에게 최적의 학습 환경을 설계하여 주기 위한 에너지는 훨씬 더 많이 필요해질 것이다. 더욱이 개인학습이 강화된 환경에서 아이들의 사회·정서적인 부분을 보듬어 주는 역할도 증대될 것이다. AI 디지털 교과서가 일종의 AI 보조교사 역할을 한다. 교실에 학생이 20명이 있다면, 각각의 학생에게 보조교사를 두는 효과를 얻을 수 있다.

이제 교사는 훨씬 더 질 높고, 모두를 위한 맞춤 교육이 실현되도록 학생 개개인의 학습 환경을 디자인할 수 있어야 한다. 우리는 AI가 대체할 수 없는 인간의 고유한 창의성, 비판적 사고력, 인성, 협업 능력을 키울 수 있도록 개념 중심, 문제해결 중심 교육을 강화해야 한다. 교사에게는 역할이 축소된다기보다 기존보다 훨씬 고도의 숙련된 역량이 요구된다. 학생은 단순히 지식을 전달받는 것

---

[39] 김회수(2013), 디지털 환경과 스마트 러닝, 한국열린교육학회 학술대회 논문집, p. 8.

을 넘어서 프로젝트 학습, 협동 학습, 토의·토론 등을 통해 타 학생들과 함께 수업을 만들어 가는 능동적 학습자로 성장해야 하며, 자신이 가지고 있는 목표와 역량, 학습 속도에 따라 서로 다른 학습 경로를 구축하고, 자신이 희망할 때 언제 어디서든 손쉽게 보충 심화 학습에 참여할 수 있어야 한다.

앞으로는 첨단 기술의 도움으로 디지털 러닝을 통해 학생 누구나 자신의 역량에 맞는 교육목표를 자기 주도적으로 성취 가능해진다. AI는 기존의 표준화된 획일적 교육에 혁신을 불러와 교육 분야의 새로운 패러다임을 이끌 수 있는 잠재력을 가진 기술로 평가받고 있다. 첨단 기술을 통해 시·공간의 한계를 극복할 수 있으며, 데이터에 기반한 과학적·객관적 교수·학습으로 수준 높은 교육을 실현할 수 있다. 이를 위해서 에듀테크가 편리한 교육환경 조성 및 데이터 분석 체계 마련을 통해 학생 개별 맞춤형 교육 실현의 기반을 조성해야 하는 것은 우리 교육이 당면한 과제다. 디지털 시대의 학생들은 수동적으로 지식을 수용하는 사람이 아니라 능동적인 학습자가 되어야 한다. 그리고 교사는 학생들이 자신만의 학습 경로를 구축할 수 있도록 맞춤 학습 환경을 설계해 줄 수 있는 학습 디자이너가 되어야 한다.

2) 수업의 변화

디지털 러닝의 도입은 수업 또한 지식 전달 중심의 전통적인 강의에서 벗어나 토론, 프로젝트 학습, 거꾸로 학습 등 새로운 교수·학습 방식이 더욱 강화될 것이다. 학생 개개인이 배움에 집중하고 자신의 성장을 주도할 수 있는 맞춤 교육을 구현하기 위해서는 교실에서부터 그 변화가 시작되어야 한다. 수업은 지식의 습득보다는 이를 활용할 수 있는 역량을 키우는 것에 초점을 두고, 프로젝트 학습, 팀 학습, 자유 토론 등 학생 간 상호작용과 적극적인 참여를 촉진하는 수업으로 전환되어야 한다. 학생들은 다양한 수업 활동들을 통해 자기표현, 상호 존중과 협력 등 사회적·정서적 역량을 자연스럽게 체득할 가능성이 크다.

교육부가 개발 중인 디지털 교과서는 위와 같은 교수·학습의 구현을 시도하고 있다. 수학은 AI 튜터링 기술을 적용하여 맞춤 학습을 지원함으로써 학생들이 쉽게 수학을 포기하지 않도록 하고, 영어는 AI 음성인식 기능을 통해 듣기뿐만 아니라 말하기 연습도 지원하며, 정보는 정규 교육과정 내에서 코딩교육 실습을 강화하는 데 중점을 두고 개발될 예정이다. 사실, 기존의 1세대 디지털 교과서는 AI 기능이 탑재되어 있지 않았기 때문에 실제로 학습자 맞춤형 기능을 제대로 구현되지 못했다. 그런데 지금 추진 중인 2세대 디지털 교과서는 그야말로 AI 보조교사의 역할 수행을 기대할 만하다.

디지털 시대가 수업과 학습에 새로운 과제를 안겨주면서, 교육과정과 교수법의 재평가가 불가피해졌다. 지금은 학생들이 디지털 시민 의식의 중요성을 이해하고 미디어 메시지의 생산, 분석, 해석 능력을 갖춘 비판적 콘텐츠 소비자이자 생산자로 성장할 토대를 마련해야 할 때다.[40] 유의해야 할 점은 디지털 학습 환경은 학생들에게 엄청나게 많은 기회를 제공하지만, 그 환경에 노출된 학생이라고 해서 반드시 학습 효과를 보지는 않는다. 디지털 환경을 어떻게 사용하고, 또 얼마나 잘 활용하는지에 따라 학습 목표를 효과적으로 달성할 수도 있고, 학습자에게 무의미한 도구로 남을 수도 있다.

교사가 자신의 수업을 게임 기반 학습을 설계하여 학생들이 학습 내용에 더욱 흥미 있게 접근할 수 있도록 도울 수도 있다. 가상 현실은 학습자가 실시간으로 자신이 마치 그 가상 공간 속에 놓여 있는 것처럼 느끼면서 학습에 참여할 수 있다. 예를 들어, 학습자가 실제 화산 활동을 체험하기에는 안전사고 발생 및 높은 체험 비용에 대한 부담이 뒤따른다. 그러나 실제와 유사한 가상의 화산 지형이 있다면, 학습자가 위와 같은 부담을 감수하지 않으면서 최적의 학습 효과를 볼 수 있다.

실제로 국내에서는 이러한 취지에서 디지털 교과서를 개발하는

---

40) E. Sheninger(2019), *Digital Leadership*, California: Corwin Press, 김보영 역 (2022), 디지털 리더십으로 이끄는 최고의 학교, 서울: 다봄교육, p. 87.

움직임이 한창이다. 덕분에 학생들은 체험형·몰입형 학습 환경에서 배울 수 있게 될 것이다. 나아가 디지털 러닝을 통해 교사와 학생이 데이터를 기반으로 교육목표를 성취할 가능성도 커지기 마련이다. 학교급, 과목, 수업 형태 등을 고려하여 학교 현장의 다양성을 반영한 에듀테크 수업 모델 개발이 시급하다. 또한, 교사의 개별 디지털 역량 수준에 맞는 연수 프로그램을 다양하게 제공해야 한다.

한편, 아직 한국의 학교 사회에서 교사들이 과도한 행정적 업무로 스트레스를 적지 않게 받고 있다. 학생을 가르치는 데서 오는 곤란보다 다른 업무로 인하여 스트레스를 받게 되고, 이것이 학생들을 위한 가르침에도 영향을 미치는 것은 부인할 수 없다. 디지털 기술은 직접적으로 보조교사로서 역할도 담당하겠지만, 그동안 교사들이 해오던 행정적 업무들을 대신 해줌으로써 교사들이 아이들과 상호작용하는 데 온전히 에너지를 쓸 수 있도록 도울 것이다.

5. 맞춤형 디지털 학습

1) 디지털 러닝과 개별학습

맞춤형 디지털 학습은 디지털 기술을 활용하여 각 학습자의 수준, 관심, 선호도에 맞게 맞춤형으로 학습 경험을 제공할 수 있다. 이는 각 학습자가 최적의 학습 결과를 얻을 수 있도록 학습 환경, 콘텐츠, 방법 등을 개인별로 조절하고 최적화하는 것을 목표로 한다. 학생이 학습의 진정한 주체라면 학습의 과정, 속도, 장소에 대한 선택도 스스로 할 수 있어야 한다. 학생 자신이 학습 목표와 개념 학습에 대한 개별 피드백을 토대로 학습 전반을 관리할 때 비로소 학습의 주체라고 말할 수 있다.

디지털 러닝의 도입으로 개별 학습자는 자신의 학습 목표와 수준에 맞게 맞춤형 학습 경로를 설정할 수 있고, 학습자가 자신의 학습 관심사나 필요에 따라 적절한 콘텐츠를 선택하여 공부할 수 있게 된다. 그리고 학습자는 AI가 시간으로 모니터링한 결과를 제공받을 뿐만 아니라, 학습자의 답변이나 행동에 대해서 즉각적으로 자동화된 피드백을 제공받을 수 있다. 사실, 이러한 개별학습이 가능해지는 이유는 눈부신 발전을 거듭하는 AI와 빅데이터에 있다. AI 기술과 빅데이터 분석을 활용하여 학습자의 학습 패턴과 성과를 분석하고 이에 근거하여 최적의 학습 방법을 개별 학습자에게 제공할 수 있다.

이것은 철저히 개인화된 지도이며, 그래서 학습자별로 겪는 학습 곤란이 있을 때 적절한 지원을 받을 수 있다. 디지털 러닝을 통한 맞춤형 개별학습의 진정한 실현이라고 말할 수 있다. 다만, 어디까지나 개별학습의 주체는 학생이라는 점에 유념할 필요가 있다. 디지털 러닝을 통해 학습자가 최종적으로 학습한 내용이 무엇인지는 여전히 해석이 필요한 영역이며, 학습자의 정서적 특성, 심리 상황 등으로 총체적으로 고려하여 피드백을 보완할 사람은 디지털 튜터다. 그러므로 디지털 튜터는 학생마다 개별학습이 제대로 진행될 수 있도록 학생의 수준, 학교급, 교과 특성 등을 정확하게 파악하고 있어야 한다.

예를 들어, 디지털 교과서만 놓고 보더라도 AI를 활용하는 유형은 매우 다양하므로 교과마다의 특성을 고려한 디지털 교과서 개발이 필요하다. 그중에서도 수학처럼 학습 내용의 위계가 명확한 교과는 튜터형으로 진행될 때 학생의 학습 및 교사 교수 양쪽 모두에서 효율성이 배가된다. 물론 수학과 관련하여 학생들은 특히 문제해결을 위해서 통합적 사고, 문해력 등을 요구하는 부분에서 어려움을 보인다. 단순한 알고리즘에 따라 계산하는 문제가 아니라, 서술형 문제의 경우 학습자에게 무엇을 요구하는 해석 자체가 불가능한 학생들이 있다. 이러한 부분까지 디지털 러닝으로 피드백을 주는 것은 아직은 무리이다. 앞으로 AI가 고도화되면 될수록 더욱 개선될 것임은 분명하지만, 이에 더해 수학 교사의 역할이 어느 부분에 중점을 두게 되는가는 다른 차원의 문제다. 추가로, 디지털 러닝을 지원하는 교사라면 복잡한 학습 내용을 단순화하여 학습을 촉진하는 데 효과적인 형태로 교수학습 기회를 제공할 수 있어야 한다. 이때 교사가 염두에 두어야 할 중요 사항이 피드백, 개별 학생의 요구에 적응, 동료 협력 지원 등이다. 학생의 개별 요구에 맞게 학습을 개인화하고 조정할 수 있는 교사는 학습 및 인지 수행의 다양한 영역에서 학생의 지능 발달에도 기여 가능성이 높다.[41]

2) 학습평가

디지털 러닝에서 평가는 수시로 진행된다. 예를 들어서 디지털 교과서로 학습을 진행할 경우, 수시로 학생의 학습데이터가 축적되므로 이에 기반하여 소위 적응형 평가(adaptive assessment)를 실시간으로 실시한다고 볼 수 있다. 단순히 학습의 마지막 단계에서 학습 성취도를 확인할 수 있는 문제를 제공하는 전통적인 방법에서 탈피하여 학생들이 클릭할 때마다 AI가 계속해서 판단을 내리고 이를 토대로 맞춤형 학습 콘텐츠를 제공하는 형태다. 실제로 AI 디지털 교과서는 그런 기능이 탑재된다. 그리고 교사는 학생의 학습 반응에 대해 요약·정리된 정보를 제공받는다. 교사는 이를 이용하여 학생과 소통해야 한다.

전통적인 수업에서 평가는 늘 수업과 분리된 채로 존재했다. 수업과 별개로 진행해야 하는 학생 평가는 교사에게 또 다른 부담이 아닐 수 없다. 이와 달리, 디지털 교과서는 학생의 학습과 평가와 실시간으로 융합된 시스템으로서 수업과 평가를 하나로 묶어준다.

---

41) E. A. B. Ramirez, J. A. Fuentes Esparrell(2024), Artificial Intelligence (AI) in Education: Unlocking the Perfect Synergy for Learning, *Educational Process: International Journal*, 13(1), p. 41.

학교에서 적극적으로 시도 중인 교육과정과 수업, 평가의 일체화도 결국은 효율적인 수업의 맥락에서 이해된다. 디지털 러닝을 도입하면 이와 같은 문제는 자연스럽게 해결된다.

한편, AI 기반의 디지털 러닝이 학교에 도입되었을 때 교육 격차를 우려하는 목소리도 존재한다. 상대적으로 학습 동기가 부족하고 자기주도학습 역량이 부족한 학생들이 디지털 교과서, 온라인 보조교사가 있다고 해서 알아서 이를 활용하면서 학습 성취를 이룰 거란 기대는 매우 순진한 생각일 수 있다는 우려의 시선도 있다. 물론, 디지털 기술의 이점을 활용한 수업이 그렇지 않은 수업에 비해서 교사 간 학습 이익 편차가 적다는 연구 결과도 있다.[42] 디지털 기술은 학습에 어려움을 겪는 학생들을 대상으로 개별적 처방을 효과적으로 내릴 수 있어야 한다. 나아가 디지털 기술은 학습에서 소외된 아이들뿐만 아니라 지적 능력이 탁월하거나 창의성이 뛰어난 아이들에게도 잠재력을 발휘할 수 있는 좋은 학습 환경이 될 수 있다.

---

42) J. Reich(2021), *Why Technology Alone Can't Transform Education*, Massachusetts: Harvard University Press, 안기순 역(2021), 언택트 교육의 미래, 서울: 문예출판사, p. 101.

Reference

관계부처 합동(2023), 에듀테크 진흥방안.

교육부(2023), 디지털 기반 교육혁신 방안.

김회수(2013), 디지털 환경과 스마트 러닝, 한국열린교육학회 학술대회 논문집.

류태호(2023), 챗GPT 활용 AI 교육 대전환, 서울: 포르체.

서울특별시교육청 중등교육과(2023), 2023년 디지털 교수학습 지원 기본계획.

염서영(2022), 아동청소년기의 디지털 역량강화를 위한 Grace & Force 프로그램 기반의 사례연구 : 메타버스 활용, 숙명여자대학교 박사학위논문.

홍정민(2021), 에듀테크의 미래, 서울: 책밥.

Niño-Rojas, F., Lancheros-Cuesta, D., & Jiménez-Valderrama M.T.P, Mestre, G., Gómez, S(2024)., Systematic Review: Trends in Intelligent Tutoring Systems in Mathematics Teaching and Learning, *International Journal of Education in Mathematics, Science, and Technology*, 12(1), pp. 203-229.

OECD(2019). *Learning Compass 2030 Concept Note Series*, Paris: OECD.

OECD(2023). *Shaping Digital Education : Enabling Factors for Quality, Equity*, OECD.

Ramirez, E. A. B., & Fuentes Esparrell, J. A(2024)., Artificial Intelligence (AI) in Education: Unlocking the Perfect Synergy for Learning, *Educational Process: International Journal*, 13(1), pp. 35-51.

Reich, J.(2021), *Why Technology Alone Can't Transform Education*, Massachusetts: Harvard University Press, 안기순 역(2021), 언택트 교육의 미래, 서울: 문예출판사.

Sarva, E., Purina-Bieza, K. E.(2023), Educators' Perspectives on the Main Challenges and Opportunities for Implementing Digital Solutions in Learning and Teaching, *International Journal of Emerging Technologies in Learning*, 18(24), pp. 62-80.

Sheninger, E.(2019), *Digital Leadership*, California: Corwin Press, 김보영 역(2022), 디지털 리더십으로 이끄는 최고의 학교, 서울: 다봄교육.

학습자 특성과 메타인지

Ⅲ
학습자 특성과
Metacognition

Ⅲ. 학습자 특성과 메타인지

이한솔

1. 학습자 특성과 메타인지

지난 반세기에 가까운 시간 동안 지식과 정보를 바탕으로 한 3차 산업혁명은 인류의 눈부신 발전을 일구어냈다. 3차 산업혁명에서 지식과 정보는 곧 힘과 돈이었다. 하지만 정보 기술의 발전은 지식과 정보를 찾기 용이하게 만들었고, 21세기 현재는 스마트폰 하나만 들고 있으면 누구든 고급 정보와 지식에 접근할 수 있고, 이를 습득할 수 있게 되었다. 결과적으로 지식과 정보의 습득이 쉬워지면서, 지식과 정보 자체에 대한 중요성이 약화되는 역설적인 상황이 드러나고 있다.

이제는 4차 산업혁명의 시대가 도래했다. 2016년 세계 경제 포럼 (World Economic Forum, WEF)에 모인 경제학자들은 4차 산업혁명의 시대가 왔음을 선포했다. 4차 산업혁명은 빅 데이터, 인공지능, 사물인터넷 등 능동적인 학습을 할 수 있는 IT 기술을 기반으로 한다. 3차 산업혁명 기술과 4차 산업혁명 기술의 주된 차이점은 인간이 아닌 사물 또는 프로그램이 스스로 학습할 수 있다는 점이다. 기존의 바둑 프로그램과 알파고의 차이가 대표적인 예시다. 이처럼 4차 산업혁명에서의 기술은 정보를 능동적으로 탐색해 주고, 심지어 이를 활용 또는 재구성까지 가능하게 해준다. WEF에서는 이러한 기술의 영향력에 인간이 맞설 수 있는 것은 '인간 본연의 가치를 유지하는 것'이라고 주장하였다. 즉, 격렬하게 변하는 시대와 불확실한 미래에 적응할 수 있도록 유연한 사고가 가능한 창의적 인재가 필요하다는 것이다(이선영, 2017).

그래서 메타인지의 중요성이 4차 산업혁명에서 자연스레 강조되고 있다. 이제 정보는 넘쳐나고 이를 구하기도 쉬워졌다. 내가 어떤 정보를 가지고 있냐보다도 내가 원하는 정보를 어떻게 얻는지, 내가 가진 정보를 어떻게 활용할 것인지 등이 사회를 살아가는 데에 더 필요한 지식이 되었다. 사실 이와 같은 인간 사고 유형 자체가 큰 의미에서 메타인지다. 메타인지가 높은 학습자는 본인이 설정한 목표를 이루기 위해 스스로 학습 계획을 세우고, 실행하며, 자신의 과정을 평가하여 다음 학습에서 더 큰 발전을 이룰 수 있게 된다. 이것이 급변하는 현재 사회에 필요한 인재상이다.

한편 메타인지를 논의할 때 빠지지 말아야 할 것은 이를 수행하는 주된 대상인 학습자이다. 특히, 학습자의 발달적 특성과 메타인지 개념을 연결시키는 것이 중요하다. 메타인지 또한 인지발달의 한 요소로 발달적 특성의 영향을 크게 받게 된다. 따라서 본 글에서는 메타인지 자체에 대한 내용뿐만 아니라 학습자의 인지발달 관련 내용을 함께 살펴봄으로써 메타인지를 교육적으로 실천하는 데에 풍부한 논의를 이어가고자 한다.

2. 학습자의 발달적 특성

발달적 요소는 인지발달, 행동 발달, 사회성 발달, 도덕성 발달 등으로 다양하게 분류하여 이론화할 수 있다. 여러 발달 영역이 각자의 영역별로 이론화된 채 존재하지만 하나의 영역만으로 특정 현상이나 개념을 전부 설명하기에는 한계가 있다(정옥분, 2023). 메타인지 또한 마찬가지다. 기존의 연구를 살펴보았을 때, 메타인지는 인지적 요소, 사회적 요소, 도덕적 요소 등과 다양한 요인들과 상호 보완적인 관계를 띄고 있음을 알 수 있다(신수경 등, 2012; 최송아 등, 2012; 김성숙 등, 2007). 다만, 메타인지라는 명칭 자체에서 알 수 있듯이 메타인지는 인지적 요소를 기반으로 구성되는 개념으로 볼 수 있다. 이에 본 글에서는 메타인지에 대한 내용을 탐색하기에 앞서, 아이들의 인지발달에 대한 정보를 먼저 알아보고자 한다. 아이들의 인지적 특성에 대한 이해는 메타인지를 실제 교육 현장에 적용할 때 교수자에게 통찰력을 줄 수 있을 것으로 기대된다.

1) 피아제의 인지발달 단계

피아제는 인간의 인지발달이 감각운동기, 전조작기, 구체적 조작기, 형식적 조작기의 네 단계로 이루어진다고 말했다. 연령별 구분되는 사고에 따라 해당 단계가 나누어지며, 각 단계는 이전 단계에 근거하여 새로운 능력과 통합되는 특징을 가진다. 이러한 단계가 나타나는 시기는 일정 부분 개인차가 발생하지만, 순서는 인간의 보편적인 특성으로 나타나게 된다.

감각운동기(출생~2세)

감각운동기에서 가장 두드러지는 발달적 특징은 대상영속성이다. 대상영속성은 숨겨진 물건을 찾게 만든다. 또한, 시간이 지나면서 표상적 사고를 통해 세련된 대상영속성을 갖게 된다. 표상적 사고는 외적 자극에 대해 잘 형성된 표상 혹은 개념을 의미하는 것으로 장난감에 대한 이미지를 형상화하여 실제 가지고 이를 가지고 있지 않아도 마음속에 그려볼 수 있게 된다.

전조작기(2~7세)

전조작기의 특징은 물활론적 사고, 자기중심적 사고, 중심화 등이
있다. 물활론적 사고는 무생물을 살아 있는 생명체처럼 생각하는
비논리적 사고 경향이다. 자기중심적 사고는 타인의 생각, 감정, 관
점 등이 존재함을 알지 못하는 사고 경향이다. 집단독백 현상이 대
표적인 자기중심적 사고의 예다. 중심화는 사물이나 현상의 한 가
지 차원에만 초점을 두고 다른 특성은 간과하는 경향성이다.

구체적 조작기(7~11세)

구체적 조작기는 체계적인 논리적 조작을 할 수 있게 되면서 가
역성의 개념을 획득하게 된다. 가역성이란 일련의 단계를 따라 사
고한 다음 다시 그 방향을 역으로 돌려서 시작점으로 돌아가는 것
을 의미한다. 이는 사물의 외형이 변해도 수, 양, 길이, 부피 등은
변하지 않는다고 생각하는 보존 개념 관련 과제 수행을 가능하게
한다. 또한, 조망수용 능력이 길러져 타인의 생각이나 감정 등을 추
론하고 이해할 수 있게 된다.

형식적 조작기(11세 이후)

형식적 조작기는 추상적 대상이나 가상의 상황에 대해 논리적인
추론을 할 수 있게 된다. 다양한 현상에 대해 가설을 설정하고 검
증을 통해 결론을 도출하는 가설연역적 추론이 가능하게 된다. 또

한 추상적 사고를 유연하게 활용할 수 있다. 이는 형식적 조작기에 해당하는 학생들은 메타인지를 유용하게 활용할 수 있음을 의미한 다. 자신의 사고에 대해 스스로 인식하고 이를 조절하며 통제할 수 있는 능력을 가지게 된다.

2) 정보처리 학습이론

정보처리 학습이론은 인간의 학습 과정을 컴퓨터의 정보처리 과 정에 빗대어 설명하는 것이다. 기억의 유형에는 감각기억, 단기기 억, 장기 기억이 있으며 이러한 기억은 환경적 자극의 부호화 – 저 장 – 인출의 3단계로 이루어진다. 먼저, 시각과 같은 외부의 자극은 감각기억에 저장이 된다. 감각기억은 무수히 많은 정보를 수용하지 만, 저장 시간은 1~3초 정도로 매우 짧다. 따라서 인간은 많은 정보 에서 특정 정보에 주의를 기울여 받아들이게 되며, 주의 집중된 정 보는 단기기억으로 저장되게 된다. 단기기억은 주의를 기울여 의식 하고 있는 기억으로, 학습과 관련된 정보를 일시 저장하거나 장기 기억에 저장된 정보를 인출하여 새로운 정보를 처리하는 곳이다. 단기기억은 대략적으로 20~30초 정도 지속된다. 이러한 단기기억이 장기기억으로 이어지기 위해서는 부호화의 과정이 필요하다. 부호 화는 학습된 내용을 반복하는 시연, 배운 내용을 분류해 보는 조직 화, 정보를 시각적 이미지로 변환하는 심상화 등의 방법으로 이루 어질 수 있다.

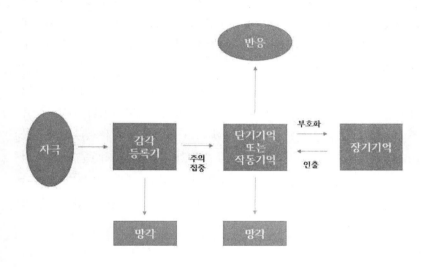

정보처리 모델

3) 비고츠키의 인지 이론

비고츠키는 아동의 인지발달이 성인 또는 동료와의 사회적 상호
작용을 통해 이루어진다고 보았다. 이때 중요하게 작용하는 것이

언어다. 비고츠키는 언어를 인지발달의 부산물이 아닌 매개체로 여겼으며, 언어의 종류에는 사회적 언어와 사적 언어가 있다고 말했다. 사회적 언어는 사회적 상호작용 과정에서 활용되는 언어이며, 사적 언어는 학습자가 스스로 문제를 해결할 때 쓰는 혼잣말이다. 피아제는 혼잣말이 미성숙한 단계에서 나타나는 특징이라고 보았지만, 비고츠키는 혼잣말이 사회적 언어로 내면화하는 과정에서 자기 행동을 조절하는 역할로 활용한다고 보았다. 비고츠키가 제안 중요한 개념 중 하나는 근접발달영역이다. 근접발달영역은 혼자 과제를 처리할 수 있는 수준인 실제 발달 수준과 도움을 통해 문제를 해결할 수 있는 잠재 발달 수준 사이에 존재한다. 해당 영역은 교사나 유능한 또래의 도움으로 비계(scaffolding)를 설정하여 달성할 수 있게 된다.

3. 메타인지

1) 메타인지의 정의

메타인지는 '한 단계 높은, 넘어서'를 의미하는 '메타(meta)'와 '어떤 사실을 안다'를 의미하는 '인지(cognition)'의 합성어다(정서빈, 임도균, 2016). 메타인지는 1976년 미국의 발달 심리학자

John H. Flavell에 의해 처음으로 정의되었다. Flavell(1976)은 메타인지를 '학습자가 외부에서 받아들인 지식 및 자신의 인지과정에 관하여 의식한 내용들이 내재화된 지식체계로서, 학습 전략을 선택해서 목표 달성을 추구하는 인지과정을 통괄하고 지휘하는 것'으로 설명했다. 이를 바탕으로 하여 학자들은 메타인지를 저마다 말로 정리하고 있다. 학자들이 메타인지 관련 연구에서 메타인지에 대한 정의를 내리고 있음에도 불구하고, 메타인지의 개념이 매우 복잡하기에 메타인지 개념을 명확하게 확정하기에는 현실적으로 어려움이 존재한다(김동일 등, 2016). 다만, 메타인지에 대한 다양한 정의를 종합하여 학습적 의미를 도출해 보면, 학습자가 스스로 자신의 학습 과정을 계획, 실행, 평가할 수 있는 능력이라고 할 수 있다.

메타인지에 대한 정의

Flawell(1976)	학습자가 외부에서 받아들인 지식 및 자신의 인지과정에 관하여 의식한 내용들이 내재화된 지식체계로서, 학습전략을 선택해서 목표 달성을 추구하는 인지과정을 통괄하고 지휘하는 것
Larkin(2009)	평범한 수준을 넘어서 사고 그 자체를 성찰할 수 있도록 고차원적으로 정돈된 사려 깊은 사고
윤태황(2016)	스스로 무엇을 인지하고 무엇을 인지 못 하는지를 인지하는 것
서상훈과 유현심(2019)	자신이 아는 것과 모르는 것을 구분하고, 아는 것과 정확히 아는 것을 구분하는 능력
Jacobs와 Paris(1987)	개인 간 공유될 수 있는 인지 상태 혹은 인지과정에 대한 지식

2) 메타인지 구성요소

메타인지에 대한 구성요소는 학자들마다 다양하게 제시하고 있다. 하지만, 대부분은 메타 인지적 지식과 메타 인지적 조정에 대한 내용을 공통적으로 포함하고 있다(김연식, 김수미, 1996).

Flavell(1978)는 메타인지를 메타 인지적 지식과 메타 인지적 조절로 분류하였으며, 이중 메타 인지적 지식을 개인, 과제, 전략에 대한 지식으로 세분화하였다. 메타 인지적 지식은 학습자가 스스로 자신이 아는 것이 무엇인지에 대해 인식하는 것을 의미한다. 메타 인지적 조절은 학습자가 과제를 수행하는 과정에서 사용하는 계획, 점검, 평가 등의 과정을 의미한다.

Brown(1987)은 메타인지의 구성요소로 인지에 대한 지식과 인지에 대한 조절 두 가지로 제시하였다. 이 중 인지에 대한 조절은 계획, 모니터링, 자기 조절, 실행적 컨트롤, 검토 등으로 세분화하였다. Flavell은 메타 인지적 지식과 조절 모두 강조한 반면, Brown은 모니터링, 자기 조절, 실험통제와 같은 메타 인지적 조절을 더 강조하였다.

조혜선(2020)은 기존의 학자들이 제안한 메타인지 선행연구를 정리하여 메타인지의 구성요소로 메타인식, 모니터링, 메타 통제를 제안하였다. 먼저, 메타인식은 자신의 느낌, 지각, 행동과 자신이 처한 상황을 의식적으로 인식하는 과정을 의미한다. 다음으로, 모니터링

은 자신의 기억, 지각, 학습 등과 같은 인지과정과 느낌, 결정, 행
동, 상황 등을 스스로 평가하는 과정을 의미한다. 마지막으로, 메타
통제는 행동을 결정하거나 바꾸기 위해 자신의 판단, 즉 모니터링
결과를 사용 또는 반영하는 과정을 의미한다.

3) 학습자 특성과 메타인지

메타인지를 교육적으로 실천하기 위해서는 학습자의 발달적 특징
을 이해하고 이를 연결하는 과정이 중요하다. 본 강의에서는 인지
발달적 측면에 초점을 맞추어 학습자 특성을 바탕으로 한 메타 인
지에 대한 논의를 이어가고자 한다. 먼저 피아제의 이론에서 메타
인지를 살펴보면, 피아제의 인지발달 이론은 단계가 있다는 데에
주목할 필요가 있다. 메타인지의 경우 나 자신을 제3자의 입장에서
바라볼 수 있는 능력을 필요로 한다. 외부의 시선에서 나 스스로를
모니터링하여 그 계획하고 실행하며 평가해야 하기 때문이다. 이는
학습자가 추상적 사고를 할 수 있어야 함을 의미한다. 따라서, 학습
자가 메타인지 능력을 학습에 원활하게 활용하기 위해서는 11세 이
상의 형식적 조작기 단계에 들어서 있어야 한다는 것이다. 하지만
실제 메타인지 능력을 활용하는 것은 유아 시기부터 관찰할 수 있
다. 특히, 유아들은 놀이를 하는 과정에서 자신이 습득한 지식을 활
용한다. 자신이 알고 있는 지식을 놀이 속에서 구현하며 다양하고
새로운 시도를 반복함으로써 이를 점검하고 평가하는 과정을 거친

다(유한나, 엄정애, 2020). 요약하면 메타인지를 학습에 있어서 원활하게 활용할 수 있는 연령은 있을 수 있으나, 모든 연령층의 학습자들은 일상생활에서 메타인지를 활용하고 있다. 따라서, 학교급, 학년급별로 메타인지를 촉진하기 위한 적절한 방법의 개발에 대한 필요성이 제기된다.

다음으로 정보처리 학습이론을 살펴보면, 정보처리 학습이론은 학습에 있어서 메타인지 전략의 필요성을 강조한다고 볼 수 있다. 학습이란 결국 학생들이 경험하거나 배운 내용을 단기기억이 아닌 장기기억으로 저장하여 필요할 때 이를 원활하게 인출할 수 있도록 하는 것이다. 이러한 과정 자체가 메타인지 전략이 필요하다. 자신이 주의를 기울여야 할 정보가 무엇으로, 정보를 어떻게 부호화할 것인지, 부호화된 정보는 잘 저장이 되었는지, 해당 정보를 어떻게 인출 할 것인지 등을 사고하는 것이 모두 메타인지 전략에 포함된다.

마지막으로 비고츠키의 인지 이론을 살펴보면, 메타인지 능력을 향상하는 데에 있어서 교수자의 중요성과 혼잣말의 활용에 대한 시사점을 제공하였다. 비고츠키의 근접 발달 영역과 비계의 개념은 학습에 있어서 조력자의 중요성을 강조한다. 메타인지 또한 교수자의 비계를 통해 충분히 발전시킬 수 있는 개념으로 교육 현장에서 중요하게 다루어야 할 교육적 내용이라고 할 수 있다. 또한, 비고츠키는 학습에 있어서 혼잣말의 중요성을 강조하였다. 혼잣말을 학습할 내용의 습득을 위해 자기 조절 과정의 일부로 보았는데, 이 과정 자체가 메타인지 전략으로 활용될 수 있다. 즉, 배운 내용을 혼잣말로 되새겨 보는 간단한 방법이 메타인지 향상에 도움이 된다는 것이다.

4. 메타인지 향상과 학습활동

이승호는(2015) 메타인지를 잘 활용하기 위해 '플랜두씨' 와 '자연적 사고 기술' 이 필요하다고 말했다. 플랜두씨(Plan-Do- See)는 계획, 실행, 평가의 과정을 강조한 개념이다. 목표 달성을 위해서는 스스로 계획을 세우고, 계획에 따라 실행하며, 실행한 후 평가가 이루어져야 한다는 것이다. 자연적 사고기술은 다음과 같이 네 가지 과정으로 이루어진다. ① 목표에 초점을 맞춘다. ② 목표를 잘게 나눈다. ③ 계속 질문을 던진다. ④ 목표를 점검하고 평가한다. 이승호는 메타인지를 유용하게 활용하기 위해서는 끊임없이 생각하며 질문을 던질 수 있는 생각의 기술부터 알아야 한다고 말했다. 메타인지가 위와 같은 생각의 방법에 익숙해진다면 자연스럽게 메타인지 능력이 향상될 것이라 제안하였다. 이를 바탕으로 한 구체적인 학습활동은 다음과 같다(이승호, 2015; 서상훈, 유현심, 2019).

1) 시간 관리 매트릭스

시간 관리 매트릭스는 2차 세계대전 당시 5성 장군이자 미국의 34대 대통령인 아이젠아워(Eisenhower)가 고안하였다. 이는 긴급성과 중요도에 따라 일의 우선순위를 정하여 체계적인 학습 계획을 세우는 데에 도움이 된다. 구체적으로는 우선순위를 중요하고 긴급한 일, 중요하지만 긴급하지 않은 일, 중요하지 않지만 긴급한 일, 중요하지도 않고 긴급하지도 않은 일의 4단계로 분류하는 것이다.

시간 관리 매트릭스는 학습 계획을 세울 때 효과적으로 활용될 수 있다. 계획은 학습에 있어서 메타인지를 활용하는 주된 과정이다. 따라서, 교수자는 시간 관리 매트릭스를 일상생활에서 작성해보는 연습을 통해 학생들이 스스로 학업 계획을 세울 수 있도록 이끌어가는 것이 바람직하다.

	긴급함	긴급하지 않음
중요함	1. 중요하고 긴급한 일 - 시험 - 숙제	2. 중요하지만 긴급하지 않은 일 - 공부 계획 세우기 - 취미 배우기
중요하지 않음	3. 중요하지 않지만 긴급함 - 심부름 - 갑작스러운 일	4. 중요하지도 않고 긴급하지도 않은 일 - 게임 - TV 보기

2) 셀프 테스트 (Self-test)

셀프 테스트는 의미 그대로 학습 후 배운 내용에 대해 스스로 시험을 한 번 더 쳐보는 것이다. 콜롬비아 대학교 리사 손 교수와 아주대 심리학과 팀은 국내 고등학생을 대상으로 메타인지 실험을 진행하였다. 서로 연관이 없는 단어 50쌍을 보여주고 한 쌍당 5초 동안 외우게 한 뒤 한번은 다시 읽도록 하는 재학습을 하고, 한번은 퀴즈를 푸는 것처럼 셀프 테스트를 했다. 결과는 재학습보다 셀프 테스트가 더 높게 나왔다. 셀프 테스트는 학생들에게 자신이 무엇을 모르고 있는지를 알게 해주는 역할을 한다. 단순히 무엇을 모르는지 알기만 해도 점수가 오른다는 사실은 메타인지 연구가 밝혀낸 주요 성과 중 하나라 볼 수 있다. 하지만, 대부분의 학생들은 재학습을 통해 눈으로 익히는 과정을 선호한다.

셀프 테스트는 자신이 틀리는 것을 스스로 확인하게 되므로 해당 과정에서 스트레스를 받게 된다. 하지만, 재학습은 이와 같은 스트레스가 거의 없으며 오히려 눈에 익기에 자신이 '진짜' 알고 있다는 착각에 빠지게 된다. 이는 학습자들이 공부를 하는 데에 많은 시간을 소비함에도 불구하고 성적이 오르지 않는 근본적인 이유를 드러낸다. 자신이 모르는 것을 배워야 진정한 의미의 공부라고 할 수 있기 때문이다.

3) 자유연상법과 집중연상법

　자유연상법은 일종의 셀프 테스트 방법 중 하나로, 학습자에게 눈을 감고 가장 좋아하는 음식, 동물, 놀이 등을 10개 정도 말하게 한 후 눈을 뜨고 그것들을 다시 말하게 한다. 학습자들이 어느 정도 적응이 되면 단어의 개수와 시간을 늘리도록 하며, 이때 짝을 지어 한 명이 말하는 것을 다른 한 명이 적을 수 있도록 한다. 자유연상법은 이미지의 흐름을 유도하는 것으로, 학습자들이 앞뒤 이미지가 어떤 특성으로 계속해서 이어지는 연습을 하도록 하는 것이다. 학습자들은 나름대로 열거했던 이미지들을 처음부터 자연스럽게 되짚어 보면서 셀프 테스트의 기회를 갖게 된다.

　집중연상법의 방법은 자유연상법과 흡사하지만, 10~100개의 단어가 무작위로 주어진다는 데에 차이점이 있다. 무작위로 주어진 단어들을 순서대로 이미지화하여 이야기를 만들어 기억해야 한다. 학습자들은 이미지화하여 기억한 단어들을 순서에 종이로 적으면 된다. 이때 짝에게 자신이 만든 이야기를 연결된 단어와 함께 말한다. 집중연상법은 학생들에게 스트레스와 부담을 줄 수 있기 때문에 격려가 필요하며, 게임 형식으로 경쟁을 활용할 수도 있다.

4) 시선 돌리기

시선 돌리기는 간단하게 메타인지를 활용할 수 있는 학습 전략이다. 교수자는 학습자에게 과제를 주고 어느 쪽이든 시선을 돌려 생각을 깊게 하도록 훈련하도록 한다. 또한, 깊게 생각할 때 학습자는 교수자를 보지 않도록 한다. 영국 스털링 대학의 연구팀에 따르면 계산 문제에서 시선 돌리기 훈련을 받은 학습자는 받지 않은 학습자에 비해 2배에 가까운 성취도를 보였다고 한다. 시선 돌리기는 일종의 머릿속을 비우는 역할을 한다. 제한된 머릿속의 용량을 효율적으로 활용하기 위해서는 작업에 활용되지 않은 생각을 버려야 한다. 시선을 돌림으로써 불필요한 정보를 줄여 자신이 당장 해결해야할 일에 몰두할 수 있도록 하는 것이다.

5) 분산 학습

분산 학습의 반의어는 벼락치기라고 할 수 있다. 분산 학습은 쉽게 말해 학습 과정에서 틈틈이 쉬는 시간을 가져야 한다는 것이다. 윌리엄스 대학 코넬 교수는 쉬면서 공부하면 기억을 꺼내려는 노력을 많이 하게 된다고 말했다. 분산 학습은 배운 내용을 잠깐 쉬었다가 다시 하게 만드는 과정을 거침으로, 해당 과정에서 학습자는 기억을 꺼내려는 노력하게 된다. 이것이 학습자의 성적 향상 비법인 것이다.

Reference

김동일, 라수현, 이혜은. (2016). 메타인지전략의 효과에 관한 메타분석: 집단설계 연구와 단일사례연구의 비교. 아시아교육연구, 17(3), 21-48.
김성숙, 박찬옥. (2007). 도덕적 갈등상황에 대한 토의활동이 유아의 메타인지 (metacognition) 에 미치는 영향. 유아교육연구, 27(3), 5-25.
김연식, 김수미. (1996). 메타인지 개념의 수학교육적 고찰. 수학교육학연구, 6(1), 111-123.
서상훈, 유현심. (2019). 메타인지 공부법. 서울: 성안북스.
서원준. (2023). 중·고등학생의 메타인지 능력이 자기주도 학습 능력에 미치는 영향. 국내석사학위논문 연세대학교 교육대학원.
신수경, 김현정, 박윤. (2012). 주제중심 블록놀이 활동이 유아의 메타인지와 사회성에 미치는 영향. 한국보육지원학회지, 8(5), 47-66.
유한나, 엄정애. (2020). 실내 자유놀이 중에 나타나는 유아의 메타인지 분석. 유아교육연구, 40(6), 5-37.
윤태황. (2016). 잠들어 있는 공부 능력을 깨워라. 서울: 북랩
이선영. (2017). 제 4 차 산업혁명 시대의 교육심리학. 한국교육학연구, 23(1), 243-244.
이승호. (2015). 생각은 기술이다 - 메타인지 학습법. 고양: 인간사랑
정서빈, 임도균. (2016). 개방형 수학문제 해결과정에서 나타나는 메타인지 구성요소 분석 제안. 교과교육연구, 9(1), 57-68.
정옥분. (2023). 아동발달의 이해. 서울: 학지사.
조혜선. (2020). 메타인지 척도의 개발과 타당화. 국내박사학위논문 충북대학교.
최송아, 손현국, 손영우. (2012). 성실성, 인지 능력, 메타인지 능력이 학습의 전이에 미치는 영향. 한국심리학회지, 31(1), 221-238.
Brown, A. L. (1987). Metacognition, executive control, self-regulation, and other more mysterious mechanisms. Metacognition, motivation, and understanding, 65-116.
Flavell, J. H. (1976). Metacognitive aspects of problem solving. Routledge.
Jacobs, J. E., & Paris, S. G. (1987). Children's metacognition about reading: Issues in definition, measurement, and instruction. Educational psychologist, 22(3-4), 255-278.
Larkin, S. (2009). Metacognition in young children. Routledge

학습자 주체성과 핵심 질문

IV
학습자 주체성
핵심 질문

Ⅳ. 학습자 주체성과 핵심 질문

김아영

1. 학습자 행위 주체성

1) 학습자 행위 주체성 개념의 이해

OECD Education 2030에서는 학습자 행위 주체성을 "목표를 설정하고 반성하고 변화를 주기 위해 책임감 있게 행동할 수 있는 역량"으로 정의한다. 이것은 수동적 작용이 아니라 능동적 작용의 과정이며 타인에 의한 것이라기보다 스스로 형성하는 것이라고 볼 수 있다. 기존 '학생 중심 교육', 또는 '학습자 중심 교육'이 교육 주체인 교사에 의해 교육의 주도권이 학생에게 일부 양도되는 형태로 수행되었다면, '학습자 행위주체성 강화'는 학생 스스로

'무엇을 배울 것인가?(What)', '어떻게 그것을 습득할 것인 가?(How)', '이것을 배워야 하는 이유가 무엇인가?(Why)' 등의 질문에 대해 답하도록 하며 이를 통해 학습에 대한 더 큰 동기를 갖고 목표를 설정할 수 있게 된다. 또한 학습자 행위 주체를 통하여 이것들이 습득되는 '과정과 방법'이 순환하도록 하여, 학습자 는 도덕적, 사회적, 경제적, 창조적 등 거의 모든 맥락에서 학습자 주체적 학습을 수행할 수 있다. 예를 들어, 학생들은 타인의 권리와 필요를 인식하는 결정을 내려야 하는 때에 도덕적 행위 주체성을 발휘해야 하는 것이다. 학습자 행위 주체성은 전 세계적으로 다소 다르게 인식되고 해석되는 경향이 있기도 하다. 그럼에도 불구하고 학습의 과정에서 학습자 스스로 능동적인 역할을 할 수 있어야 한 다는 것은 '학습자 주체성' 개념으로서 점점 더 많은 국가에서 강조되고 있다(OECD, 2018; 2019).

2) OECD Education 2030의 학습자 행위 주체성

OECD는 'Education 2030' 프로젝트를 통해 다가오는 환경적, 경제적, 사회적 변화에 대비할 수 있는 역량교육을 국제 사회에 요청하고자 하였다. 그리고 이 과정에서 미래지향적 관점에서 진보된 역량 개념을 통해 지식중심교육, 진로중심교육의 역할을 수행 해왔던 '학교 교육의 목적'을 확장시켜야 한다는 요구가 제기되었다. 이에 '성공적 지식 획득', '성공적 진로 안착' 등으로 제시되

었던 미시적 관점에서의 교육 목적을, 개인과 공동체의 '건강하고 행복한(well-being) 삶'으로 전환해야 한다는 주장이 제기되었다 (OECD, 2018). 이는 건강, 시민적 참여, 사회적 관계 맺음, 교육, 평화, 삶에 대한 만족, 환경 등에 대한 공평한 접근 등을 의미하며, 포용적 성장의 개념을 뒷받침하는 관점이다(OECD, 2018). 즉, 여기에서의 '행복'은 물질적이고 경제적인 삶의 양적 측면에서 해석되기보다, 관계맺음과 정서를 포함하는 삶의 질적 측면에서 이해되어야 하는 것이다.

삶의 질적 측면에 대한 평가에는 공적으로 합의된 도구를 통해 측정될 수 있는 삶의 양적 측면에 대한 평가와는 다르게, 삶을 살아가는 주체적 학습자의 관점이 중요하게 작용한다. 때문에 삶의 질적 측면의 개선을 교육 목적으로 하는 교육과정은 자연스럽게 '학습자 행위주체성(learner agency)'을 강조할 수밖에 없다. 학습자의 행위주체성을 강조하는 것은 학습자들이 교육과정을 통해, 그리고 전체 생애를 통해 주체적 행위자가 되는 과정을 학습해야 한다는 것을 의미한다. 행위주체성을 가져야 하는 학습자 주체는 사적 자아와 공적 자아로 구분될 수 있을 것이다. 행위 주체성을 가진 사적 자아는 자신의 삶을 개척하고 그 행위와 행동의 이유를 명료하게 설명할 수 있으며 그에 맞는 책임을 질 수 있다는 것을 의미할 것이다. 행위 주체성을 가진 공적 자아는 세계에 참여함으로써 보다 나은 세계를 만드는 것에 영향을 미치고 있다는 책임감을 스스로 의식하는 것으로 이해될 수 있을 것이다. 때문에 학생들이 행위주체성을 갖추기 위해서는 행위로 이어지는 삶의 의미와 목적을 주체적으로 수립하고 그 목적을 달성하기 위한 실천적 수행을 찾아낼 수 있는 역량을 갖출 필요가 있다(OECD, 2018).

학교 교육을 통해 학습자 행위주체성을 강화하기 위해서는 그러한 역량을 갖추어 나갈 수 있는 확고한 토대가 필요하다. OECD는 학생들이 행위 주체성을 강화하여 자신들의 삶과 세계를 이끌어 나갈 수 있는 역량을 갖추도록 하기 위한 토대로써 <그림 1>과 같은 '학습 나침반(learning compass)'을 제안하였다(OECD, 2018). <그림 1>에서 확인할 수 있는 바와 같이, 'Education 2030'에서 제안하는 학습 나침반은 이전 'DeSeCo' 프로젝트보다 학습자의 학습 환경에 대해 구체적으로 제시하고자 하였다. 주목할 만한 첫 번째 변화는 앞서 언급한 바와 같이 학생의 학습 목적을 개인과 사회의 '행복(well- being)'에 둔 점이다. 그리고 또 하나의 주목되는 두 번째 변화는 그러한 목적을 수행하기 위한 역량을 지식(knowledge), 기능(skills), 태도와 가치(attitudes and values)로 구체화한 것이다. 이는 역량을 핵심(key)적으로 제시함으로써[43] 그것을 실증적이고 결과주의적인 지식 또는 지식을 활용하는 기능으로 해석하는 것을

[43) DeSeCo 프로젝트를 통해 제시된 핵심 역량은 도구를 상호 사용하기, 이질적인 집단에서 상호작용하기, 자율적으로 행동하기 등의 세 가지로 제시되며, 각각은 '아는 것을 활용하는 능력'으로서의 역량으로 제안된 것이다 (OECD, 2005).

지양하고자 하는 시도이다. 또한 변화 주체로서의 학습자 스스로가 그들이 앞으로 당면할 복잡하고 다양한 요청들을 만족시키기 위해 필요한 지식, 기능, 가치와 태도를 총체적으로 숙고해야 한다는 것을 드러낸 것이다. 즉, 학습으로 치환될 수 있는 핵심 역량을 집약적으로 드러내기보다는 '역량중심교육'에서의 '역량'의 의미와 필요를 명료히 함으로써 장기적이고 거시적인 관점에서의 교육 목적을 제시하고자 한 것이다(김아영, 2022). <그림 1> OECD 학습 나침반

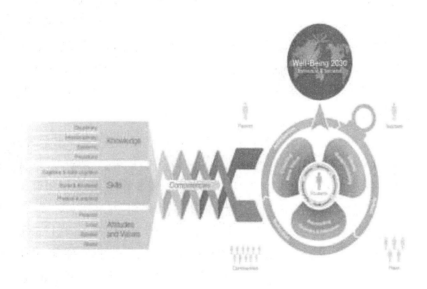

이러한 행위 주체성은 도덕적 맥락, 사회적 맥락, 경제적 맥락, 창의적 맥락 등 거의 모든 영역에 적용하는 것이 가능하다. 예를 들어, 학생들은 타인과 도덕적 관계맺음을 수행할 때 도덕적 행위 주체성을 발휘할 필요가 있다. 도덕적 행위 주체성을 학습한다는 것은 학생들이 타인과의 관계맺음에서 '내가 타인의 행복에 기여할 수 있는 것은 무엇인가?', '타인과의 도덕적 관계맺음을 위해 지금 해야 하는 것은 무엇인가?' 등의 질문을 할 수 있는 역량을 함양하는 것이다. 도덕적 행위 주체성뿐만 아니라, 학생들은 공동체의 구성원으로서 책임과 권리를 논의하기 위해 사회적 행위 주체성을 발달시킬 필요가 있다. 학교는 이러한 사회적 행위 주체성을 발달시키기 위한 기본 공간으로서의 역할을 수행한다. 학교를 통해 마주하는 다양한 공동체를 통해 학생들은 가족 외 타인과의 관계를 구축하는 방법과 공동체의 구성원으로서 공동체의 행복과 발전에 영향을 미친다는 것을 깨닫게 된다.

교사는 학습자 행위 주체성을 중요시하는 교육환경을 설계하는 데 핵심적인 역할을 수행한다. 교사는 학습자가 학습 행위의 주체가 될 수 있도록 독려하는 것 뿐만 아니라 학습자의 학습에 영향을 미칠 수 있는 다양한 요인들, 이를테면 학습자의 개성, 가족, 친구, 문화 등에 대해서 인식하고 인정할 수 있어야 한다. 전통적인 교육 모델에서는 교사가 교육을 주도적으로 계획하고 평가를 통해 전달된 지식을 확인하는 역할을 수행하였다면 학습자 행위 주체성을 강화한 형태의 교육 모델에서는 교사와 학습자는 교육자와 피교육자로 구분되기 보다 교육 공동체의 협력자로서 교육의 목표와 목적을 합의하고 교육의 내용과 방법을 공동 구성하는 협력자로서 이해한다. 학습자는 교육의 목적과 결과에 대해 함께 소유하고 책임지며 건설적 사고를 바탕으로 학습의 과정을 구축하는데 주체적 역할을 수행한다. 또래 학습자 또한 서로의 행위 주체성을 독려하는 중요한 협력자이다. 학습자 행위 주체성은 공동 학습자 간의 협력적 행위 주체성으로 이어질 수 있는 것이다. 학습자 행위 주체성에서 비롯된 협력적 행위 주체성은 학습자의 높은 수준의 분석과 의사소통, 창조적 문제해결을 지원한다. 이처럼 학습자 행위 주체성을 기반으로 한 학습의 과정은 학습 목적과 과정과 결과를 구분하지 않는다.

2. 핵심 질문(Essential Questions)

1) 핵심 질문 개념 정의

핵심적인 질문	핵심적이지 않은 질문
도덕적 삶은 무엇인가?	우리나라와 중국의 문화적 유사점은 무엇인가?
효과적인 문제해결을 위한 초동행위는 무엇인가?	이 답은 어떠한 과정을 통해 생성되었는가?

과학적 사고를 적용할 수 있는 영역은 무엇인가?	과학적 탐구에서 '변인'은 무엇을 의미하는가?
역사적으로 의미 있는 사건이란 무엇을 의미하는가?	임진왜란은 왜 일어났는가?
훌륭한 작가는 어떤 작가인가?	'동백꽃'의 작가는 누구인가?
학습자의 언어를 확장시키는 계기는 무엇인가?	이 문자는 어떠한 소리를 의미하는가?

〈표 1〉 핵심적인 질문과 핵심적이지 않은 질문

핵심 질문의 개념을 정의하기 위해서는 '핵심적인 질문'과 '핵심적이지 않은 질문'을 대조하여 설명하는 것이 유익하다. 〈표 1〉에 제시한 '핵심적인 질문'과 '핵심적이지 않은 질문'을 비교하면 '핵심적인 질문'에는 몇 가지 특징이 있다. 맥타이 (McTighe, J.)와 위긴스(Wiggins, G.)는 '핵심적이지 않은 질문'에 비하여 '핵심적인 질문'이 갖고 있는 일곱 가지 결정적 특징을 다음과 같이 설명하고자 하였다(McTighe, J. & Wiggins, G., 2013: 26).

· 개방형이다. 즉, 하나의 최종적인 정답이 없다.
· 사고를 촉발하고 지적으로 몰입하게 하며, 종종 토론과 논쟁을 유발한다.
· 분석, 추론, 평가, 예측과 같은 고차원적인 사고를 요구한다. 단순 암기만으로 효과적인 답을 얻어낼 수 없다.
· 한 과목 안에서(혹은 하나의 과목을 초월해) 중요하고 다른 분야까지 적용 가능

한 생각을 유도한다.
· 부가적인 질문을 제기하고 추가적인 탐구 활동을 촉발한다.
· 단지 답만 아니라 정당한 근거와 지지를 요구한다.
· 시간이 지나면서 같은 질문이 되풀이된다. 핵심 질문은 거듭해서 반복될 수 있
 고 반복되어야 한다.

 핵심 질문의 요건을 갖춘 질문만이 교육적으로 유용한 것은 아니
다. 가령 학생들에게 '헌법'에 대해 교육을 한다고 했을 때 학생
들의 학습 동기를 유인하기 위하여 '여러분은 정당 방위법에 동의
합니까?'와 같은 질문을 제시할 수 있다(유인 질문). 또한 학생 스
스로 스스로 발화하도록 하거나, 학습한 내용을 점검하기 위하여
'우리나라 헌법 1조는 무엇입니까?'의 질문을 제시할 수 있다(유
도 질문). 주제에 대한 탐구를 독려하고 토론과 논쟁을 이어가기 위
하여 '헌법이 정당 방위법을 뒷받침합니까?'의 질문을 제시할 수
있다(안내 질문). 그러나 학습 이후에도 지속적인 사고와 탐구를 자
극하고 이해의 깊이에 따라 답이 바뀔 수 있는 질문으로서의 핵심
질문은 유인 질문, 유도 질문, 안내 질문의 내용을 포괄한다. '영
원한 진리로서 시대에 구애받지 않은 헌법 원칙은 무엇이며, 시대
착오적이기에 수정되어야 하는 원칙은 무엇인가?', '법치 국가에
서 개인의 자유와 공익 간의 균형을 어떻게 맞출 수 있는가?' 등
의 질문이 '헌법' 주제의 핵심 질문의 역할을 수행할 수 있을 것
이다.

2) 핵심 질문이 필요한 이유

핵심 질문은 학생들의 질문 능력을 향상시켜 의미 있는 학습과 지적 성취를 돕는다. 그렇기 때문에 핵심 질문을 생성하는 것은 학습을 촉진하는 교사의 역할이면서 동시에 학생들이 향상해야 하는 역량이기도 하다. 핵심 질문을 통해 '탐구' 그 자체가 교육의 핵심 목표로 인식되며, 핵심 질문을 통해 학생들은 수업의 목표에 더 가까이 다가서게 된다. 또한 학생은 핵심 질문을 통해 자신이 학습해야 하는 것을 명료하게 인식하게 되고, 초인지적 관점에서 교육의 내용을 관조할 기회를 갖는다. 교사는 핵심 질문을 통해 성취기준을 분명히 파악하는 것은 물론, 성취기준 간의 관계를 파악하고 우선순위를 이해할 수 있게 된다. 즉, 핵심 질문은 분화된 교육 내용의 의미를 증명하며 학문 내, 학문 간 연계의 기회를 제공하는 역할을 수행하는 것이다(McTighe, J. & Wiggins, G., 2013: 48-49). 폴리아(Polya, G., 1957)가 '수학적 문제 해결에 대한 연구 틀'을 제시하기 위해 제안한 핵심 질문을 살펴보면 이러한 핵심 질문의 특징들이 명확하게 드러나는 것을 알 수 있다.

· 구해야 하는 값은 무엇인가?, 제공된 데이터는 무엇인가?, 제시된 조건은 무엇인가?
· 이와 관련 있는 다른 문제를 알고 있는가? 예전에 풀었던 문제 중 지금 풀고자 하는 것과 관련 있는 문제가 있는가? 그것을 응용할 수 있는가?
· 이 문제를 다른 방식으로 기술할 수 있는가?

· 각 단계에 오류에 없음을 확신할 수 있는가? 그것을 증명할 수 있는가?
· 결과를 확인할 수 있는가? 논거를 제시할 수 있는가?
· 다른 방식으로 결과를 도출할 수 있는가?
· 이 결과를 다른 문제에 적용할 수 있는가?

폴리아가 제시한 질문을 살펴보면, 이러한 질문은 학생에게만 유의미한 것이 아니라 교사가 교수학습을 설계하는 것에도 도움이 된다는 것을 알 수 있다. 교사는 핵심 질문을 통해 자신이 제시한 풀이가 '기계적 접근'에 머무르는 것을 경계하고, 가르치는 내용의 개념과 주제를 명료히 하는 것에 도움을 받는다. 학생들 또한 도전적인 문제들에 직면할 때 핵심 질문을 통해 스스로 답하고, 그것을 또래 학습자와 공유하여 문제 해결을 위한 전략과 태도, 결과의 의미와 관련한 전문가가 되는 것에 한 층 더 가까워질 수 있다. '기계적 접근'은 전략이나 탐구의 의미를 축소한다. 교사와 학생들은 핵심 질문을 통해 학습 내용을 전달하고 도전적 상황에서 훌륭히 수행하는 법을 배우고 그 과정에서 필요한 전략과 개념을 도출할 수 있다.

3) 좋은 질문, 탐구를 위한 질문

앤더슨과 크래스월(Anderson & Krathwohl, 2001)은 블룸의 교육 목표 분류 체계를 응용하여 '신 교육 목표 분류 체계'를 〈그림 2〉와 같이 제시하였다(Francis, M. E. ,2016: 27). 이는 '무엇(지식)'을 배워야 하며, 학습이 '어떻게(사고)' 드러날 수 있을지를 차원으로서 모형화한 것이라고 할 수 있다. 〈그림 2〉의 우측은 '지식'과 관련한 차원의 질문이며, 좌측은 '사고'와 관련한 차원의 질문이다. 각각의 수행 목표에 따라 인지적(누가, 언제, 어디서, 무엇을) 질문을 하기보다는 이해(왜, 어떻게)를 확인하는 질문을, 그보다는 적용과 분석이 필요한 질문을, 또 그보다는 평가하고 창안하기 위한 질문을 생성하는 것이 학생들의 주체적 학습을 촉발하는 교수학습이라 할 수 있을 것이다. 이를 참고하여 수행 목표에 따른 좋은 질문의 예시를 〈표 2〉와 같이 제시할 수 있다. 〈그림 2〉 블룸의 분류 체계에 따른 좋은 질문은 다음과 같다.

〈표 2〉 수행 목표에 따른 좋은 질문

수행 목표	좋은 질문
같은 장르의 문학 작품이 주제와 화제에 대해 접근하는 방식을 비교할 수 있다.	같은 장르의 문학 작품이 비슷한 주제와 화제를 다루고 접근하는 방식에서 어떻게 유사하고 어떻게 다른가? 이를 바탕으로 무엇을 창안할 수 있는가?
『로미오와 줄리엣』에서 여성의 역할이 줄거리와 인물의 변화에 영향을 주는 방식을 분석할 수 있다.	『로미오와 줄리엣』에 등장하는 여성은 사회적으로 어떤 역할을 하는 인물로 묘사되는가? 그것은 무엇의 영향을 받았는가? 그것이 줄거리와 인물의 발전에 어떤 영향을 미치는가?
한 자리수 × 한 자리수 연산을 할 수 있다.	9×2의 연산을 설명하기 위해서 동원될 수 있는 수학 이야기는 무엇일까?
다양한 문화권의 가족 생활을 의사소통, 기술, 가옥, 교통, 여가, 문화적 전통 등의 측면을 고려하여 비교할 수 있다.	다양한 문화권의 가족생활은 의사소통, 기술, 가옥, 교통, 여가, 문화적 전통 등을 고려했을 때 어떻게 바뀌었는가? 그러한 변화가 생긴 통시적 및 공시적 이유는 무엇인가?

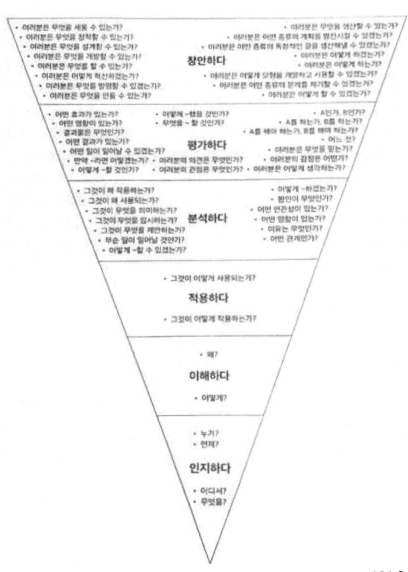

탐구를 위한 질문은 소크라테스의 문답법과 같이 오랜 역사를 갖고 있다. 교실에서 교사는 "왜 그렇습니까", "이유는 무엇일까요", "이를 뒷받침하기 위해 제시할 수 있는 근거는 무엇입니까?" 등과 같은 탐구를 위한 질문을 학생들에게 제시하여 학생들이 다양한 근거를 고려할 수 있도록 요구하고, 학생들의 주장의 타당성을 검토하도록 한다. 또한, 자신과 다른 관점을 참고하여 자신의 사고를 분석적으로 관조하도록 격려한다. 좋은 질문은 학생들이 자신이 인지하거나 이해한 것을 기계적으로 산출하는 것을 넘어서, 자신이 가지고 있는 지식을 적용하고, 분석하고, 평가하고, 창안하여 해당 지식의 이해를 심화시키도록 하는 것이다. 우리에게 익숙한 탐구를 위한 질문의 예시를 제시하면 다음과 같다(McTighe, J. & Wiggins, G., 2013).

- _____은 무슨 뜻인가요?
- 왜 그렇죠?
- 자세히 설명 해 보겠어요? 더 이야기 해 보세요.
- 다른 말로 말해 보겠어요? 핵심이 이해가 가지 않아요.
- 그것을 설명하기 위해 예시나 비유를 들어보겠어요?
- 이것은 우리가 예전에 이야기했던 것, 우리가 지난주에 읽었던 것과 어떤 연관이 있나요?
- 이것에 대한 또 다른 관점을 제시할 수 있을까요?
- 그것을 말할 때 가정하고 있는 것은 무엇인가요?
- _____을 말하고 있는 거지요?

관련이 있는 후속 기술은 대답에 대한 정당한 설명과 근거를 묻는 것을 수반한다. 관련 예가 다음과 같이 제시되어 있다.

- 왜 그렇게 생각하나요?
- 당신의 근거는 무엇인가요?
- 당신의 추론은 무엇인가요?
- 이 글/정보에서 근거를 찾을 수 있나요?
- 이 정보는 당신의 결론을 어떻게 뒷받침하나요?
- 그러나 앞서 우리는 _____라고 말하지 않았나요? 지금 당신이 말하고 있는 내용과 상충하는 것 같은데요? 분명히 말해주겠어요?
- 이것은 이 글이 _____쪽에서 말하는 것과 어떻게 일치하나요?
- 엘라, 무엇 때문에 그렇게 생각하지요? 이 문제에서 그러한 생각을 하게된 부분이 어디인지 말해주겠어요?
- 여러분 모두가 동의한 것으로 여겨지는 내용과 지금 나온 짐의 대답이 일치 하나요?
- 이것을 또 다른 방식으로 볼 수 있을까요? 라몬이 설득력 있는 주장을 했지만, 이 문제를 흥미롭게 정리할 수 있는 또 다른 흥미로운 방법을 로사가 제안하지 않았나요?
- 다른 사람들도 동의하나요? 사라, 고개를 젓고 있군요. 사라가 생각하는 의견은 무엇인가요?
- 이 대답들은 어떻게 비슷한가요? 그리고 어떻게 다른가요?
- 프리실라가 무엇을 파악하고 있다고 생각하는지 누가 설명해줄래요?
- 지금 나는 혼란스러워요. 이안, 어제 그 원인은 _____라고 했어요. 그리고 타냐는 그 의견에 동의했어요. 여러분, 생각이 바뀌었나요?

3. 그룹 퍼실리테이션

1) 프로세스 디자인

효과적인 팀 활동을 위한 퍼실리테이션 역량을 수업에 적용하기 위해 호리 기미토시(2014)의 그룹 퍼실리테이션 스킬을 참고할 수 있다. 호리 기미토시는 프로세스 디자인, 프로세스 매니지먼트, 피드백과 평가 등 세 가지 스킬로 그룹 퍼실리테이션을 제안한다. 먼저 프로세스 디자인 스킬은 설계 단계에 필요한 요소이다. 팀을 구성하고 틀을 만드는 과정을 일컫는다. 팀에 가장 먼저 필요한 것은 구체적인 목표를 제시하는 것이다. 평가 항목과 기준을 구체적으로 제시하여 학생들이 평가 기준을 유념하여 실습을 준비할 수 있도록 하는 것이 중요하다. 또한 프로세스 디자인 단계에서 중요한 핵심 활동은 팀 빌딩을 촉진하는 것이다. 팀을 잘 형성하는 것이 그룹 퍼실리테이션의 성과에 중요한 영향을 주기 때문이다. 팀원의 수가 많다면 각 팀원별 발언권에 매우 제한적이며 그중 2-4명의 팀원이 주로 활동을 끌어가는 경향이 있다. 호리 기미토시는 이상적인 그룹퍼실리테이션의 인원을 6명으로 제안한다. 팀을 구성할 때는 팀원의 역할과 성격, 지능, 성격 등을 고려해야만 한다. 또한 각 팀별로 팀장의 역할을 수행할 팀원이 반드시 필요하다. 호리 기미토시는 팀장이 수행하는 역할에 대해 ①팀원이 전원 빠짐없이 자기 순서에 활동에 참여하거나 발언하도록 할 것, ②과제를 결과물로 완

성하여 제출하도록 촉진할 것, ③팀 프로젝트 시 역할분담과 역할
에 대한 책임을 완수하도록 할 것, ④이 모든 과정이 즐겁고 유쾌
한 분위기로 진행되도록 관리할 것 등을 중요하게 언급한다. 팀장
을 정한 후 바람직한 팀 문화를 형성하기 위한 공동행동 규범을 정
하도록 한다. 예컨대, '무임 승차 사절', '적극적으로 참여할
것', '수업 시간 준수', '자기 발언 순서 지키기', '팀장 말
존중', '팀원 상호 존중' 등이 제시될 수 있다. 팀 형성과 팀 규
범을 정하는 과정에서 팀원 간 친목을 다지고 공동의 목표를 달성
하기 위한 추진력을 가질 수 있다.

2) 프로세스 매니지먼트

프로세스 매니지먼트 단계에서는 실행과 운영을 위해 각 학습자
의 참여를 촉진하고 활동 성과를 높이는 개입전략이라 할 수 있다.
팀 활동에서 각 팀원의 역할을 정하고 팀 활동 종료 시 종료 사인
을 교사에게 보낼 수 있게 한다. 예컨대, "토론과 토의의 차이점을
모든 팀원이 돌아가면서 한 가지 이상 말합니다. 팀에서 가장 생일
이 빠른 사람부터 시작합니다. 시간은 10분입니다. 끝나면 마지막
발화자는 조용히 손을 들어 표시해주세요. 시작하세요." 와 같은
멘트를 제시할 수 있다. 교사는 부족한 부분을 점검하고 팀 활동이
교착상태에 빠진 경우 개입할 수 있다. 교사의 개입 목적과 대상에
따라 질문의 형태가 달라질 수 있을 것이다.

한 가지 토의 형태가 반복되면 지루해질 수 있다. 때문에 다양한 토의 형태를 제안하여 그룹 퍼실리테이션을 독려할 필요가 있다. 간단한 1:1 인터뷰, 버즈(Buzz)토의, 포스트잇 활용 명목 집단토의, 직소(Jigsaw)토의, 월드 카페, 원탁 토의, 패널 토의 등의 다양한 토의 전략을 활용하여 프로세스를 매니지먼트 한다면 그룹 퍼실리테이션에 참여한 학생들의 학습 호기심을 유지할 수 있을 것이다. 또한 팀을 새로 구성하거나, 다른 팀원과 수시로 교류할 수 있도록 하는 것도 설계의 과정에 필요한 계획이다. 이 과정에서 교사는 긍정적이고 중립적인 언어를 사용하는 것이 좋다. 중립적 언어는 판단·비난·평가를 포함하지 않는 언어로서 대상자를 공격하지 않는다. 중립적인 언어로 상황에 따른 질문과 발화를 적절히 사용하는 것이 프로세스 매니지먼트 단계에서 고려되어야 하는 중요한 계획이다.

3) 피드백과 평가

갈등관리를 포함한 피드백과 평가 스킬은 교사가 그룹 퍼실리테이션의 다양한 변인에 대처하고 팀이 협조적이고 우호적 관계에서 참여할 수 있도록 촉진하는 과정이다. 교사는 팀 활동을 점검하며 불편한 징후나 소극적 참여자를 확인하고 구체적 정황이 있을 경우 개별 면담을 하거나 수업 이후 개선 의견 등을 기록하도록 할 수 있다. 또한 팀내 무임승차하는 참여자가 있거나 평가에 대한 불편

함이 있을 경우에도 피드백을 할 수 있어야 한다. 피드백은 학생들의 성취를 향상시키기 위한 핵심적 활동으로서, 피드백을 하는 목적은 학생의 현재 상태와 모습(as is)을 성취기준에 따라 객관적으로 판단하여 발전된 미래의 모습(to be)으로 발전시키는 것이다(정혜선, 2005: 135). 피드백을 할 때에는 각 학생의 유지할 점(긍정적 특성)과 개선할 점(보완할 특성)을 함께 제시하여 감정적인 저항을 축소하고, 구체적 행동과 방법을 함께 제시하는 것이 좋다.

학생 간 피드백이 필요한 경우에도 교사는 이러한 평가 지침을 공유하여 학생들이 피드백의 주의사항과 기법을 숙지할 수 있도록 한다. 학생들은 구체적 피드백을 통해 각자 현재의 수준보다 한 단계 진보된 수준에 도달하는 것을 목표로 의식적이고 반복적으로 수행 과제를 연습한다. <표 3>은 그룹 퍼실리테이션의 피드백에 활용할 수 있는 질문을 구분한 것이다. 교사는 피드백에 필요한 각 질문별 예시를 미리 구축하여 수업을 진행하는 것이 좋다.

<표 3> 상황에 따른 질문의 종류와 활용(정혜선, 2015, 일부 발췌)

구분	질문 대상 또는 상황
개별 질문	-말이 없거나 소극적인 학습자를 참여시키고 촉진한다. -개인의 구체적인 의견을 듣고 전체 수준을 파악한다.
전체 질문	-학습자 전체의 주의를 집중시키고 활동을 독려한다. -전체 팀 활동을 촉진시키고 격려한다.
열린 질문	-학습자의 전체 생각을 듣고자 할 때 사용한다. -사고를 확장시키고 개념을 재정의할 필요가 있을 때 사용한다.
닫힌 질문	-구체 사항에 대한 확인이 필요할 때 사용한다. -개념을 명확히 하거나 요점을 분명히 할 때 사용한다.

그룹 퍼실리테이션의 마무리 단계에서는 각자 학습한 것 중 중요하게 생각하는 것을 요약할 수 있게 한다. 이때 '오늘 배운 것 중 새롭거나 나에게 의미가 있는 것은 무엇인가요?', '그중에서 나에게 적용하고 개선하고 싶은 것은 무엇인가요?' 등, 학생들이 주체적으로 성찰할 수 있는 질문을 미리 준비하는 것이 좋다. 이를 정리하여 팀장 또는 팀원 간 합의된 대표가 전체를 대상으로 발표하도록 한다. 교사는 팀장이 발표한 내용을 요약하고 학생 전체에게 적용 및 일반화할 수 있는 내용을 정리하여 전체 그룹에 피드백하고 그룹 퍼실리테이션을 마무리할 수 있다.

Reference

김아영 (2022). 역량중심교육 관점에서의 초등 도덕과 교육과정 개정 일고찰. 초등도덕교육, 79(1), 1-49.

오우식 (2016). 퍼실리테이션 개론. 서울: 조명문화사.

이영주, 송영선 (2018). 대학 말하기 교육 교수자의 퍼실리테이션 역량과 수업운영 방안. 학습자중심교과교육연구, 18(19), 653-676.

정혜선 (2005). 강사, 퍼실리테이터로 거듭나라! 서울: 시그마프레스.

최형우 (2024). 비판적 언어 인식 교육을 위한 핵심 질문 연구. 선청어문, 53(1), 517-575.

호리 기미토시 (2014). 문제해결을 위한 퍼실리테이션의 기술. 서울: 일빛.

Belbin, M. (2012). Management teams: why they succeed or fail (3rd ed). 김태훈 역 (2012). 팀이란 무엇인가? 서울: 라이프맵.

Ericsson, A., & Pool, R. (2016). PEAK(Secrets from the New Science of Expertise)(1st ed.). 강혜정 역 (2016). 1만 시간의 재발견. 서울: 비즈니스 북스.

Erik, M. F. (2016). Now That's a Good Question!, 정혜승, 박소희 역 (2020). 이거 좋은 질문이야! 서울: 사회평론아카데미.

Francis, M. E. (2016). Now That's a Good Question! 정혜승, 박소희 역 (2020). 이거 좋은 질문이야! 사고력을 길러주는 질문법. 서울: 사회평론 아카데미.

McTighe, J. & Wiggins, G. (2013). Essential Questions: Opening Doors to Student Understanding. 정혜승, 이원미 역 (2016). 핵심 질문: 학생에게 이해의 문 열어주기. 서울: 사회평론아카데미.

OECD (2018). The future of Education and Skills Education 2030. Paris: OECD.

OECD (2019). Learning Compass 2030 Concept Note Series. Paris: OECD.

출력 기반 학습

V
Retrieval-Based
Learning

V. 출력 기반 학습

차우규

1. 교육에서 출력에 대한 오해와 이해

기억의 핵심적인 과정은 출력이다. …… 무엇인가를 알고 있거나 먼 과거의 사건에 대한 정보를 저장해 두었지만, 그 정보를 사용하지 않거나 생각하지 않는다면, 당신의 뇌는 기능적으로 그 정보를 '포함하지 않는' 뇌와 동일하다.[44]

1) 출력을 둘러싼 오해

정보처리 이론에서 학습과 기억은 정보를 필요할 때 쉽게 회상할 수 있도록 저장하는 '부호화'(encoding) 과정과 밀접한 관련을 맺

---

44) E. Tulving(1991), Interview with Endel Tulving, *Journal of Cognitive Neuroscience*, 3, p. 91.

고 있는 것으로 간주된다. 물론, '출력'(retrieval)이 학습이나 기억과 관련이 없는 것은 아니지만, 적어도 정보처리 이론 내에서 출력은 이미 저장된 정보를 필요한 때에 꺼내는 정신활동 정도로 이해된다.[45] 말하자면, 학습이나 기억에 기여하는 것은 '출력'이 아니라 부호화 과정으로서의 '입력'이라는 것이다. 많은 사람들이 학습자의 기억을 증진시키고 학습 효과를 높이기 위해 효과적인 부호화 전략이 무엇인가를 탐색하는 데 관심을 두는 이유도 여기에 있다.

제프리 카픽(Jeffrey D. Karpicke)은 사람들이 학습에 관한 연구에 있어서 출력의 실행에 주목하기보다 입력을 위한 부호화 전략에 관심을 가지는 이유가 마음을 일종의 '정신적 공간'(mental spaces)이나 '지식을 담는 용기'(containers where we store knowledge) 정도로 이해하는 사고방식 때문이라고 지적한다.[46] 뢰디거(Henry L. Roediger)도 사람들이 학습과 기억의 현상을 설명할 때 공간적 은유를 자주 사용한다는 점을 지적하고 있다.[47] 이처럼 인간의 마음을 특정한 저장 공간과 같은 것으로 이해하는 관점에서는 지식을 부호

45) 최효식 외(2013a), 「중·고등학생의 학업성취도, 부호화 및 인출 전략 간의 관계 분석」, 『아시아교육연구』 14권 1호, p. 332.

46) J. D. Karpicke(2012), Retrieval-based learning: Active retrieval promotes meaningful learning, *Current Directions in Psychological Science*, 21(3), p. 157.

47) H. L. Roediger(1980), Memory metaphors in cognitive psychology, *Memory & Cognition*, 8, pp. 231-246.

화하여 효과적으로 저장하는 것이 주된 관심의 대상이 될 수밖에
없다. 더불어, 이러한 관점에서 출력은 학습과는 무관한 것으로, 나
아가 학습의 결과를 평가하는 수단으로만 취급된다. 아래 표에 제
시되어 있는 것처럼, 실제로 많은 학생들은 출력이 학습에 도움을
준다고 인식하기보다는 이미 학습한 내용을 평가하는 데 도움을 준
다고 생각하는 경향이 있다.[48]

출력에 관한 인식을 묻는 질문	학생들의 응답 내용	응답 비율
공부하는 과정에서 스스로에게 퀴즈를 낸다면 그렇게 하는 이유는 무엇인가?	내가 얼마나 잘 학습했는지 이해하기 위해서	68%
	반복적으로 읽는 것보다 더 많이 학습할 수 있는 방법이기 때문에	18%

　그러나 인지심리학과 뇌과학 분야에서의 연구 성과에 따르면, 출
력이 학습과 무관하다거나 학습의 결과를 평가하는 수단에 불과하
다는 생각은 출력에 대한 오해일 수 있다. 출력은 학습과 무관하지
않다. 반복적인 출력 연습은 효과적인 학습 전략일 수 있다. 카픽에
따르면, 출력의 과정은 학습의 핵심일 뿐만 아니라 경우에 따라서
는 출력 행위 자체가 학습을 향상시키는 강력한 도구로 기능하기도

---

48) 최효식 외(2013b), 「교수전략으로서의 인출과 부호화에 관한 인식 및 실태
　　연구」, 『교육심리연구』 제27권 제3호, p. 521.

한다. 능동적 출력은 단순히 암기식 정보를 이끌어 내는 과정에 불과한 것이 아니라 의미 있는 학습을 만들어내기 때문이다.[49] 실제로 최근의 한 연구는 높은 수준의 학업 성취를 보이는 학습자 집단이 낮은 수준의 학업성취를 보이는 학습자 집단보다 출력 전략을 더 많이 사용한다는 점, 나아가 출력 전략이 중요한 학습 기제임을 더 많이 인식한다는 점을 보고하고 있다.[50]

2) 유용한 학습전략으로서의 출력

출력이 갖는 교육적 가치에 주목한 다수의 선행연구들은 특정한 내용을 반복해서 부호화(encoding)하는 것, 즉 여러 번 '입력' 하는 것보다 한 번이라도 출력(retrieval)을 경험하는 것이 학습과 기억에 더 긍정적인 영향을 미친다고 보고하고 있다.[51] 요컨대, 출력은 단순히 이미 저장되어 있는 정보를 마치 저장소에 보관한 물건

---

49) J. D. Karpicke(2012), Retrieval-based learning: Active retrieval promotes meaningful learning, *Current Directions in Psychological Science*, 21(3), p. 157.

50) 최효식 외(2013a), 앞의 논문.

51) 최효식 외(2015), 「반복 인출을 촉진하는 문제집 풀이 방법이 기억과 메타인지적 판단에 미치는 영향: 학업성취 수준에 따른 차이를 중심으로」, 『아시아교육연구』 16권 2호, pp. 315-339; H. L. Roediger & J. D. Karpicke(2006), The power of testing memory: Basic research and implications for educational practice, *Perspectives on Psychological Science*, 1(3), pp. 181-210.

을 꺼내듯 끄집어내는 과정이 아니라 학습자 자신이 가지고 있는 기억에 대한 접근성과 관련 개념을 변화시킴으로써 학습을 강화시키는 과정인 것이다.52) 카픽과 그리말디(Philip J. Grimaldi)에 따르면, 초기 학습 경험에 있어서의 모든 측면, 즉 학습자가 지식을 입력하고 구성하는 조건을 모두 일정하게 유지한다고 하더라도 출력환경을 어떻게 조성하는가에 따라서 기억과 학습결과가 재구성되는 정도는 크게 달라질 수 있다. 출력의 조건이 어떻게 달라지는가에 따라 기억의 수행 및 학습의 결과에 큰 차이가 발생한다는 것이다. 예를 들어, 집의 구조에 관한 어떤 글을 읽고 나서 도둑의 관점에서 이야기의 세부사항을 떠올리는 경우와 집을 사려는 사람의 관점에서 이야기의 세부사항을 떠올리는 경우는 매우 다를 수밖에 없다.53)

	출력 조건	
	도둑의 관점	집을 사려는 사람의 관점
출력 조건에 따라 달라지는 학습 및 재구성 결과	문과 창문의 위치, 안전장치와 관련된 사항 등	집에서의 생활과 관련된 문제 등

---

52) 연은모·최효식(2017), 「사전인출과 사후인출을 접목한 학습 방법이 지연 기억에 미치는 영향」, 『학습자중심교과교육연구』 제17권 제17호, pp. 815-836.

53) J. D. Karpicke & P. J. Grimaldi(2012), Retrieval-based learning: A perspective for enhancing meaningful learning, *Educational Psychology Review*, 24(3), pp. 403-404.

　카픽은 출력이 효과적인 학습전략이라는 사실을 검증하기 위해 아래와 같은 간단한 실험을 수행한 바 있다. 대규모의 대학생 그룹을 세 개의 서로 다른 그룹으로 나누되, (1) 교육용 텍스트를 네 번에 걸쳐서 반복적으로 입력(Study)한 그룹(SSSS), (2) 교육용 텍스트를 세 번에 걸쳐서 반복적으로 입력(Study)한 뒤 한 번의 출력(Retrieval)을 통하여 자신이 읽은 텍스트의 내용을 떠올리도록 한 그룹(SSSR), (3) 교육용 텍스트를 한 번 입력(Study)한 뒤 세 번의 반복 출력(Retrieval)을 통하여 읽은 텍스트의 내용을 떠올리도록 한 그룹(SRRRR)으로 구분한 것이다. 학생들은 기억과 학습의 면에 있어서 교육용 텍스트를 반복적으로 입력하면 할수록 뛰어난 성과를 나타낼 것이라고 예상했지만, 실제 결과는 그것과는 정반대였다. 장기 기억이 가장 우수했던 그룹은 입력을 반복적으로 수행한 그룹이 아니라 출력을 반복적으로 수행한 그룹으로 나타났다. 즉, 학습에 대한 학생들의 메타인지적 판단과 실제 기억 정도는 정반대였던 것이다. 아래는 이 실험의 결과를 나타낸 것이다.54)

---

54) J. D. Karpicke(2012), *Ibid*, pp. 158-159.

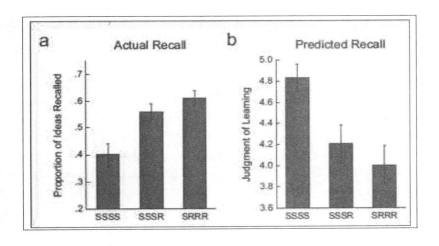

물론, 이 외에도 출력이 학습을 개선하고 장기 기억력의 측면에서 큰 향상을 가져온다는 연구 결과들이 많이 있다. 아래는 어휘 학습에 있어서 출력이 어떤 영향을 미치는가를 나타낸 것인데, 그림에서 확인할 수 있듯이 단순히 반복적으로 어휘를 입력한 경우보다는 반복적으로 출력연습을 수행했을 때 장기 기억력이 크게 향상되었다는 사실을 확인할 수 있다. 더불어, 출력을 수행한 경우가 반복적으로 어휘를 읽기만 했을 경우보다 기억의 면에 있어서 우수한 결과를 보였다.55)

---

55) J. D. Karpicke & P. J. Grimaldi(2012), *Ibid*, pp. 405-406

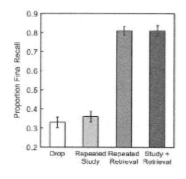 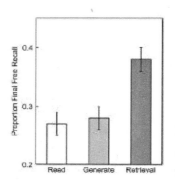

결론적으로 출력은 단순히 이전의 학습에서 저장된 결과에 대한 평가만을 의미하지 않는다. 출력의 과정 자체가 새로운 학습의 과정을 의미하기 때문에 학습을 촉진하기 위해서는 다양한 출력의 기회와 조건을 제공하는 것이 필요하다.56)

2. 효과적인 출력을 위한 방안

출력은 학습을 이해하고 학습을 촉진하는 데 핵심적인 과정이지만, 종종 그에 걸맞은 역할을 부여받지 못했다. 능동적 출력은 의미 있는 학습을 촉진하기 위한 효과적인, 그러나 저평가된 전

---

56) J. D. Karpicke & P. J. Grimaldi(2012), *Ibid*, p. 416.

략이다.57)

1) 복습, 노트필기에서 시험, 퀴즈로

인출은 단순히 이미 저장되어 있는 정보를 마치 저장소에 보관한 물건을 꺼내듯 끄집어내는 것이 아니라 학습자 자신이 가지고 있는 기억에 대한 접근성을 변화시키고, 그렇게 함으로써 학습의 효과를 높이는 결과를 가져온다. 이에 교사는 노트필기로 대표되는 부호화 과정에 중점을 두기보다 학생으로 하여금 학습 내용에 대해서 스스로 질문하고 답하도록 안내하기, 공부한 내용을 말로 표현해 보게 하기, 공부한 내용과 관련된 문제 풀어보게 하기 등과 같은 출력 과정에 주안점을 둘 필요가 있다. 사실 인출연습의 대표적인 방안은 '시험'(testing)이다. 시험은 단순히 학습 결과를 평가하는 수단만이 아니다. 그것은 학습 내용에 대한 학습자의 기억을 증진하는 데 유용하다.

2) 반복 인출

효과적인 출력을 위한 방안으로 반복인출을 들 수 있다. 최효식 외(2015)에 따르면, 책을 반복적으로 읽는 것보다 반복적으로 시험

---

57) J. D. Karpicke(2012), *Ibid*, p. 157.

을 보는 것이, 즉 달리 말하여 반복적으로 출력을 실행하는 것이 지연 기억검사에서 더 효과적인 결과를 나타냈다.[58] 박영각(2018)은 반복학습 집단(SSSS)과 반복인출연습 집단(STTTT)을 구분하여 산문 자료에 대한 학습 정도를 비교 및 검사하였고, 그 결과 반복학습보다는 반복인출연습이 파지를 증진시키는 데 기여하는 바가 크다는 사실을 제시하였다. 이에 교실 수업에서는 매 차시를 마무리하면서 형성평가나 퀴즈 등의 형태로 다양한 인출연습을 실행하는 것이 필요하다고 볼 수 있다.[59] 다만, 교사와 학생은 반복인출에서 인출 간격이 지나치게 길어질 경우 학습 효과가 감소할 수 있다는 점, 더불어 정답 피드백과 성공적이지 못한 인출 사이의 간격이 지나치게 길 경우 기억과 학습에 있어서 부정적인 영향을 미칠 수 있다는 점을 염두에 둘 필요가 있다.

3) 그룹 토론, 상호교수, 질문하기

출력 기반 학습(retrieval-based learning)은 학생의 학습 성과를 향상시키는 방법에 관한 광범위하고 일반적인 관점을 가리킨다. 능동적 출력을 위한 학습 활동에는 여러 가지가 있을 수 있으며, 그룹토론(group discussions), 상호교수(reciprocal teaching), 질문하기

---

58) 최효식 외(2015), 앞의 논문, p. 319.

59) 박영각(2018), 「반복학습과 반복인출연습: 학습의 효과성 비교」, 『교원교육』 제34권 제3호, pp. 1-16.

(questioning) 등은 모두 어느 정도 출력 프로세스에 관여할 수 있는 방법에 해당한다.[60] 출력 중심 학습에서 '출력'이라는 것이 '정답'만이 아니라 지식의 모든 '표현'(expression)을 포괄하는 개념인 만큼 그룹토론, 상호교수, 질문하기 등은 효과적인 출력연습 방안일 수 있다.

- Learning Pyramid (Adapted from National Training Laboratories Bethel, Maine, USA)

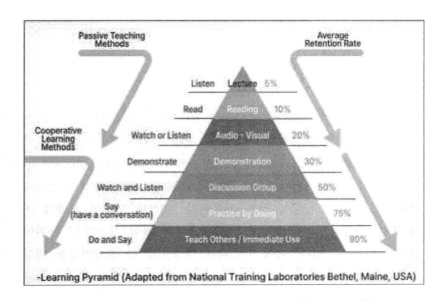

-Learning Pyramid (Adapted from National Training Laboratories Bethel, Maine, USA)

---

60) J. D. Karpicke(2012), *Ibid*, p. 162.

강의 중심의 수동적 교수법	학생 중심의 참여형 교수법
· 강의 듣기, 읽기, 시청각 수업 · 입력 중심의 학습 · 낮은 기억 잔존률	· 소그룹활동, 또래 튜터링(상호교수) · 쌍방향 상호작용, 대화, 질문 등 · 높은 기억 잔존률

3. 미래교육과 출력 중심의 공부

1) 에듀테크를 활용한 출력연습 설계

교사입장에서 인출 전략은 부호화 전략보다 업무 부담이 높게 느껴질 수 있다. 왜냐하면 인출 전략을 제대로 활용하기 위해서는 신뢰성과 타당성이 확보된 질문(또는 문제, 퀴즈)을 미리 준비하고 그에 대한 학생들의 인출 결과를 확인해야 하며, 나아가 인출 결과에 대한 피드백을 제공해야 하기 때문이다. 요컨대 부호화 전략에 비해 인출 전략은 교사의 준비가 다방면에서 많이 요구되는 측면이 있다고 말할 수 있다. 이에 학습자를 대상으로 한 출력연습을 내실 있게 설계하기 위해서는 기술적 지원 및 테크놀로지의 적극적 활용이 필요하다고 하겠다.61)

풀리수학 (프리윌린)

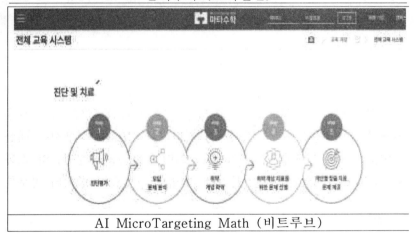

AI MicroTargeting Math (비트루브)

61) 김은영(2016), 「인출연습이 학습전략과 학업성취에 미치는 영향」, 『교육문

교육기관에서의 원활한 교육실행을 지원하는 하드웨어, 소프트웨어, 디지털 서비스 등을 포괄하는 개념으로 에듀테크(edtech)를 말할 수 있다. 교육(education)과 기술(technology)의 합성어인 에듀테크는, 이러닝이나 스마트러닝과는 달리, 인공지능(AI), 빅데이터 (Big-Data), 소프트웨어 등을 기반으로 학생에게 맞춤형 교육 서비스를 제공하는 데 무게중심을 두는 개념이다. 교사 입장에서 내실 있는 출력연습을 개발 및 설계하기 위해서는 에듀테크의 도움이 필요할 수 있으며, 실제로 다수의 에듀테크 기업에서는 학습자에게 최적화된 코스웨어를 지원하는 시스템을 운영하고 있다. 예를 들어, 현재 서비스 중인 몇몇 플랫폼들은 학생 개개인의 학습유형, 학습정서, 학업성취도 등을 고려하여 퀴즈를 구성해 준다든지, 시험문제를 출제해 주는 방식으로 교사의 출력연습 설계를 돕고 있다

2) 교수자의 역할: 퍼실리테이터

퍼실리테이션(facilitation)은 '목적 달성을 촉진시키는', '~을 하도록 도와주는' 이라는 뜻을 가진 라틴어 'facile-'에서 유래한 용어로서 퍼실리테이터(facilitator)는 어떤 조직 내 구성원들의 소통을 촉진하고 이끌어가는 전문가를 가리킨다.[62] 출력 중심의 공부를

제연구』 제29권 제1호, p. 78.

62) 박창균, 「토의수업 활성화를 위한 퍼실리테이션(Facilitation) 전략」, 『학습자 중심교과교육연구』 제20권 제1호, p. 994

위해서 교사는 지식을 일방적으로 전달하는 강의 중심의 전통적인 교수법으로부터 벗어날 필요가 있다. 강의 중심의 수동적 교수법은 출력이 아니라 부호화를 통한 지식과 정보의 입력을 극대화하는 데 적합하다. 출력 기반 학습이 노트필기보다는 퀴즈와 시험을 통해, 복습의 반복보다는 인출의 반복을 통해 가능한 만큼 미래교육에 있어서의 교사는 학습자의 출력을 다양한 방식으로 촉진하는 퍼실리테이터로서의 역할에 충실해야 한다.

Reference

김은영(2016), 「인출연습이 학습전략과 학업성취에 미치는 영향」, 『교육문제연구』 제29권 제1호, pp. 69-85.

박영각(2018), 「반복학습과 반복인출연습: 학습의 효과성 비교」, 『교원교육』 제34권 제3호, pp. 1-16.

박창균, 「토의수업 활성화를 위한 퍼실리테이션(Facilitation) 전략」, 『학습자중심교과교육연구』 제20권 제1호, pp. 993-1013.

연은모·최효식(2017), 「사전인출과 사후인출을 접목한 학습 방법이 지연 기억에 미치는 영향」, 『학습자중심교과교육연구』 제17권 제17호, pp. 815-836.

최효식·신종호·민지연·김남희(2013a), 「중·고등학생의 학업성취도, 부호화 및 인출 전략 간의 관계 분석」, 『아시아교육연구』 14권 1호, pp. 331-352.

최효식·신종호·민지연·김남희(2013b), 「교수전략으로서의 인출과 부호화에 관한 인식 및 실태 연구」, 『교육심리연구』 제27권 제3호, pp. 509-528.

최효식·신태섭·연은모(2015), 「반복 인출을 촉진하는 문제집 풀이 방법이 기억과 메타인지적 판단에 미치는 영향: 학업성취 수준에 따른 차이를 중심으로」, 『아시아교육연구』 16권 2호, pp. 315-339

Karpicke, J. D.(2012), Retrieval-based learning: Active retrieval promotes meaningful learning, *Current Directions in Psychological Science*, 21(3), pp. 157-163.

Karpicke, J. D. & Grimaldi, P. J.(2012), Retrieval-based learning: A perspective for enhancing meaningful learning, *Educational Psychology Review*, 24(3), pp. 401-418.

Roediger, H. L.(1980), Memory metaphors in cognitive psychology, *Memory & Cognition*, 8, pp. 231-246.

Roediger, H. L. & Karpicke, J. D.(2006), The power of testing memory: Basic research and implications for educational practice, *Perspectives on Psychological Science*, 1(3), pp. 181-210.

Roediger, H. L. & Butler, A. C.(2011), The critical role of retrieval practice in long-term retention, *Trends in cognitive sciences*, 15(1), pp. 20-27.

Tulving, E.(1991), Interview with Endel Tulving, Journal of Cognitive *Neuroscience*, 3, pp. 89-94.

맞춤형 피드백과 보상

VI. 맞춤형 피드백과 보상

홍민기

1. 맞춤형 피드백[63]

1) 피드백의 정의 및 유형

피드백은 학생의 지식, 이해, 기술에 대한 정보를 수집하여 학생에게 적절한 정보를 제공하는 활동이다(McMillan, 2013) 또한, 피드백은 학생들의 학습과정 및 결과에 대해 교사가 보이는 반응으로, 학생들의 성취정도에 대해 적절한 정보를 제공하는 활동을 의미한다(McMillan, 2013). 이러한 정의를 토대로 피드백은 학생들이 학습과정에 대한 결과를 토대로 부족한 영역의 구체적인 설명을 제공하는 것이다. 피드백은 정보제공자에 따라 내적 피드백과 외적 피드

---

63) 한정윤 외(2023)의 문헌을 주되게 참고하여 발췌함.

백으로 분류되며(Cole & Chan, 1994), 시기에 따라서는 수행즉시 오류를 수정해주는 즉각적 피드백, 일정한 시간이 지난 후 정보를 제공하는 지연적 피드백으로 분류할 수 있다(Kulhavy & Anderson, 1972). Shute(2008)는 피드백을 확인적 피드백과 정교화 피드백으로 분류했다. 먼저, 확인적 피드백은 교사가 학습결과에 대한 정·오답을 알려주는 간단한 판단을 의미한다. 다음으로 정교화 피드백은 학습 결과에 대한 구체적인 정보를 제공하는 것을 의미한다. 학생들이 수업목표를 찾고 문제를 스스로 해결하도록 돕는, 학생의 이해의 정도를 파악하고 올바른 답에 도달할 수 있도록 관련된 질문을 하는 것 등을 포함한다. 피드백은 교과별 특징에 따라 다른 성격을 지닐 수 있기 때문에 과목별 특수성을 반영한 피드백 유형에 관한 연구가 진행되기도 하지만(서영진, 2017; 임태민, 백석윤, 2010), 일반적인 형성적 피드백 정도로서 연구되기도 한다(박민애, 손원숙, 2016; Pat-El, et al., 2013).

2) 맞춤형 피드백의 설계

이러한 면에서 피드백은 학습 동기를 촉진하며 자기 조절 학습을 지원하기 때문에 학습 효과를 높이기 위한 효과적인 학습 지원 방안으로 활용되고 있다(Mory, 2013; Thurlings et al., 2013). 하지만 학습자의 정의적인 요소와, 피드백의 방법에 따라 피드백 수용 정도가 달라질 수 있으므로 상황적 요인과 개인적 요인을 모두 고려한 접근이 필요하며(To, 2022), 특히 요즈음 자동화된 맞춤형 피드백은 시스템을 통해 피드백의 생성, 제공 절차가 자동화되므로 초기 설계가 더욱 중요하다고 할 수 있다. 이를 위해 Lim과 동료들(2020)은 피드백에 대한 학습자의 효과적인 인식을 위해 피드백 내용(질, 과제, 톤, 양), 제공자(신뢰도, 관심), 맥락(타이밍, 교육과정)을 고려한 맞춤형 피드백을 제공했다, Lim과 동료들(2021)은 맞춤형 피드백에서 피드백 제공 의도에 따른 맥락화를 강조하며, 맞춤형 피드백을 위해 받는 이의 특성과 행동, 제공자의 특성과 행동, 메시지의 특성, 맥락의 특성을 고려하였다. 아울러 한정윤과 동료들(2022)은 맞춤형 피드백의 세심한 설계와 지속적인 재설계를 강조하며, 설계를 위한 구체적인 전략을 공통, 인지, 정의, 행동 영역의 네 가지로 구분하여 <표 1>과 같이 제시하였다.

<표 1> 맞춤형 피드백 설계 전략(한정윤 외, 2022)

구분		맞춤형 피드백 설계 전략
공통	1.	개별 학습자의 데이터를 수집하고 분석하여 맞춤형 피드백 설계를 위한 근거로 삼는다.
	2.	맞춤형 피드백에 대한 학습자 인식과 효과성을 조사하여 지속적으로 피드백을 재설계한다.
인지	3.	개별 학습자의 학습 현황에 대한 정보를 제공하는 구체적인 기술적 피드백을 제공한다
	4.	개별 학습자가 자신의 학습 현황을 파악할 수 있도록 선택 가능한 여러 준거를 제공한다

정의	5.	학습을 저해하는 부정정서가 유발되지 않도록 긍정적인 피드백과 격려를 제공한다.
	6.	학습자가 피드백에 대해 기계적이라고 느끼지 않도록 실재감을 높이는 피드백을 제공한다.
행동	7.	개별 학습자가 학습행동 개선에 활용할 수 있는 처방적 피드백을 제공한다.
	8.	학습 행동변화를 유도하는 피드백을 단계적으로 제공한다.

선행연구를 종합하면, 효과적인 맞춤형 피드백을 위해 학습자와 학습 맥락을 반영한 피드백의 내용, 제공, 정서적 지원 등을 고려하여 피드백을 설계할 필요가 있다. 먼저 피드백의 내용, 분량 등의 다양화를 통해 효과적이고 학습 상황에 적합한 피드백을 설계할 필요가 있다. 학습자의 현재 상황에 대한 정보를 제공하고 기대 수준인 학습 목표를 명확하게 제시함으로써 그 차이를 인식하도록 해야 한다(Sadler, 1989).

구체적 수치를 활용한 정보나(진성희, 유미나, 2020), 비교 정보 혹은 지표를 함께 제공함으로써 자신의 학습 상황을 인지하도록 하며 학습을 촉진할 수 있을 것이다(조영환 외, 2019; 함윤희 외, 2020). 또한 부족한 부분을 언급하고 개선 방안에 대한 정보를 함께 제공한다면 피드백을 통해 실행 가능한 정보를 제공함으로써 학습자의 실질적인 학습 변화를 기대해 볼 수 있을 것이다(조영환 외, 2019; Henderson et al., 2019).

다음으로 피드백의 제공 방법을 고려해 볼 수 있다. 먼저 피드백은 즉각적 피드백과 지연 피드백으로 구분할 수 있는데, 어떤 피드백이 더욱 효과적인지는 학습 상황의 특성에 따라 다를 수 있다(이빛나, 손원숙, 2018; Charney et al., 1990). 선행연구에 따르면 지연 피드백은 학습자가 전반적인 활동을 점검하고 스스로 성찰하는 데 활용될 수 있다고 보았으며(Diziol & Rummel, 2010), 피드백을 주기적으로 제공하는 것이 중요하지만 학습자가 피드백이 너무 빈번하다고 인식할 경우 부작용이 나타날 수 있다고 하였다(Brinko, 1993). 특히 시스템을 통한 자동화 피드백은 즉각적인 피드백보다 일정 주기마다 피드백을 제공하는 것이 기능의 단순 조작을 통해 피드백을 다르게 받으려는 학습자의 형식적인 행동 유발을 방지할 수 있다고 하였다(진성희, 임고운, 2021).

한편, 최근에는 정보 제공을 목적으로 한 인지적 피드백뿐만 아니라 정서적 피드백도 강조되고 있다(임규연 외, 2023). 학습 진단에 따른 성취 수준에 대한 정보나 처치에 대한 피드백도 중요하지만, 학습자의 학습 의욕을 고취시키고 학습 전반에 영향을 미치는 긍정적 감정을 지원하기 위한 피드백이 필요하다는 것이다. 정서적 지원을 위한 피드백 설계로는 피드백의 대상이 되는 이름을 호명하거나(Swan & Shih, 2005), 피드백 내용을 전달할 때 구어체의 문장을 고려할 수 있다(Mayer, 2017). Brinko(1993)는 이러한 구어체의 효과를 구체적으로 확인하였는데, 긍정적 내용의 피드백은 학습자를 지칭하며 2인칭의 형태로 제공하는 것이 효과적이며, 부정적 내용을 담은 피드백은 1인칭 또는 3인칭의 형태를 사용하거나 질문형 또는 간접문의 형태로 제시하며, 신중한 언어 선택의 필요성을 강조하였다.

특히 시스템을 통한 피드백에서는 학습자가 피드백에 대해 기계적이라고 느끼지 않도록 실재감을 고려하는 것이 중요하다고 볼 수 있다(Grieve et al., 2019; Mayer, 2017). 이를 위해 학습자의 정서적 공감을 위해 이모티콘과 같은 상징을 활용하거나(김진솔 외, 2022), 아바타나 캐릭터와 같은 별도의 피드백 주체를 설정하고 이를 통해 피드백을 제공함으로써 학습자에 대한 정서적, 행동적 지원을 할 수도 있을 것이다(Wang et al., 2005).

2. 학습자 중심 교수 활동64)

1) 학습자 중심 교육의 개념

학습자 중심 교육은 학습자 스스로 학습을 계획하고, 실행하며, 평가하는 형태의 교육으로서, 학습자 주도성, 개별화 수업 지향, 학습자의 자유 선택 강조, 학습자에 대한 신뢰와 존중, 학습자의 적극

---

64) 이필남 외(2022)의 문헌을 주되게 참고하여 발췌함.

적 참여, 내용과 경험의 통합, 교육 방법의 통합 등을 주요 특징으로 한다(권낙원, 2001). 강인애, 주현재(2009)는 학습자 중심 교육이란 구성주의 인식론을 바탕으로 학습자의 주체성을 강조하며, 협력적 학습 환경에서 체험적, 성찰적 학습을 통해 개별적 의미 구성을 해나가는 것으로서, 교사는 학습자의 학습활동을 촉진시키는 조력자 역할을 한다고 보았다.

2) 교육 현장 실행도

학생 중심 수업을 명시적으로 강조한 2015 교육과정은 2017년에 초등학교 1, 2학년에 적용되기 시작하여, 2018년에는 초등 3, 4학년과 중학교 1학년, 고등학교 1학년에 적용되었으며, 2020년에 중3과 고3에 적용됨으로써(교육부, 2015a), 2021년 현재 초·중등교육 전체에 적용되고 있다. 한편, 2016년부터 전국의 모든 중학교에서 실시하고 있는 자유학기제 역시 토론, 실습 등 학생 참여형 수업과 성장과 발달 중심의 평가를 강조하고 있는데, 이 제도 역시 2015 교육과정의 방향을 그대로 반영하고 있다(교육부, 2015b).

역량 기반 교육과정이자 학생 중심 수업을 강조한 2015 교육과정이 현장에서 어떻게 실행되고 있는지 조사한 연구들에 의하면, 활동 중심의 학생 참여형 수업,예컨대 협동 학습, 토론·발표 수업, 실험·실습 수업이 이전보다 증가하였다고 한다(곽영순, 신영준,

2019; 이제영, 백광호, 백민경, 2020; 최수진, 2018). 고등학교 교사들은 역량기반 교육과정을 주로 활동 중심의 학생 참여형 수업과 연결시키고 있었는데, 교과내용을 역량과 어떻게 연결할 것인지 고민하기보다 수업에서 어떤활동을 할 것인지 고민하는 모습을 보였다 (최수진,2018).

3) 학습자 중심 교수(learner-centered teaching) 활동

학습자 중심 교육에서는 학생의 자기주도성과 주체성을 전제로 교사는 학습활동을 촉진하고 지원하는 조력자 역할을 한다(강인애, 주현재, 2009). 학생은 자기 주도적이고 능동적인학습자로서 스스로 학습에 대한 주인의식을 가지고 적극적으로 참여한다. 교사는 전통적으로 교과내용을 가르치는, 지식을 전수하는 역할이 아니라, 학습자가 학습의 주체로서 목표를 설정하고 학습을 진행하는 과정에서 조언하는 역할을 하게 된다. 교사는 학습자와의 친밀한 관계와 원활한 상호작용을 바탕으로 피드백을 제공하고, 학생이 수업에 적극적으로 참여할 수 있도록 자극하며, 개별 학생의 필요와 요구에 따라 수업의 내용과 방식을 적절하게 조정하기도 한다(McCombs & Whisler, 1997).

이와 같이, 학습자 중심 교육에서의 교사의 역할은 크게 학생의 학습발달에 대한 적절한 피드백 제공(teacher feedback), 학생이 학습활동에 적극적으로 참여할 수 있도록 자극하고 촉진(teachers' stimulation of reading engagement), 학생의 요구에 따라 학습내용과 방식 조정(adaptive instruction)으로 학습자 중심 교수활동을 실행할 수 있음을 알 수 있다.

3. 학습자 데이터 분석[65]

1) 학습분석의 개념

에듀테크 관련 연구 및 국내 교육 정책들이 공통적으로 교육 현장의 도입 및 활용에 중요한 기술 중 하나는 학습분석이다. 학습분석이란 학습자가 시스템을 통해 생산하는 방대한 양의 학습데이터를 수집·분석하여 그 결과를 학습자에게 적합한 교수학습을 처방하는 기술을 말한다(조일현 외, 2015: 442). 학습자가 직접 생산한 데이터를 분석하여 그 결과를 바탕으로 교수학습 처방을 제공한다는 측면에서 학습분석을 탐색한 많은 연구들이 맞춤형 교육의 제공 방안으로 학습분석을 소개하고 있다(손찬희 외, 2019; 이현경, 조영환, 금선영, 2022). 맞춤형 교육이란 개별 학습자 특성, 학업성취 수준, 심리 특성, 가정환경 등을 종합적으로 고려하여 개별 학습자에게

---

65) 도재우 외(2022)의 문헌을 주되게 참고하여 발췌함.

가장 적합한 학습경험을 제공하는 다양한 방식의 교수지원을 말한다(정제영, 2016: 60). 해당 정의에서 확인할 수 있듯이 맞춤형 교육은 개별 학습자에 대한 이해를 기반으로 한다. 학습분석은 학습데이터를 기반으로 학습자를 이해하고 그 결과를 바탕으로 개인에게 최적화된 학습처방을 제공하는 접근이다(손찬희 외, 2019).

최근 발표된 「디지털 인재양성 종합방안」 또한 맞춤형 교육의 제공 방안으로 학습분석 기술의 활용을 설명하고 있다([그림1] 참조). 원격수업의 활성화로 인해 학습자가 생산하는 학습데이터 증가, 과학기술 및 네트워크 발달로 학습데이터 수집이 가능한 플랫폼의 확산 및 고도화, 교육적 데이터마이닝 기술의 발달 등은 맞춤형 교육을 위한 학습분석의 활용을 촉진하고 있다.

학습분석의 중요성과 함께 학습분석에 관한 다양한 연구들이 수행되고 있다. 학습분석에 대한 국내 연구 동향을 살펴보면 1) 학습분석 개념 정의 및 연구동향 분석, 2) 학습분석을 위한 데이터 체계화, 3) 학습분석 활용을 위한 모형 개발, 4) 학습분석에 대한 교수자와 학습자 인식, 5) 학습분석 활용을 위한 대시보드 개발 등이 주로 이뤄지고 있다. 해당 주제들은 학습분석에 활용을 위한 체계 구축에 초점을 둔 연구들로 이론적 탐색 및 연구적 맥락에서 학습분석 활용을 다루고 있다.

□ **AI 기술을 활용한 맞춤형 학습으로 학습격차 해소** (교육부)

○ **(AI 보조교사)** 디지털 교수·학습 통합플랫폼, 학력진단시스템 등에 **축적된 학습 빅데이터**를 AI 분석을 통해 기초학력 미달자가 없도록 **맞춤형 학습 지원**에 활용하는 'AI 학습 튜터링(AI 보조교사) 시스템' 개발 신규

• 단계별 학습, 주제와 교수법에 대한 전문가의 지식을 활용해 개별 학생의 오개념을 바로 잡아주고 학습 성취를 도우며, 교재와 학습 활동들에 대한 최적 학습 경로 결정

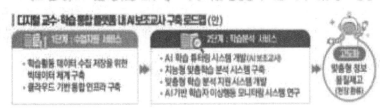

[그림 1] 『디지털 인재양성 종합방안』 상에 학습분석 활용 계획(관계부처합동, 2022: 5)

연구동향에서 확인할 수 있듯이 학습분석에 대한 이론적 탐색은 활발하게 이뤄지고 있으나 그 실제적 활용을 다루는 연구는 활성화 되지 않고 있다. 이는 학습분석을 구현하는 방법은 대시보드 연구 동향에서 특히 두드러진다. 한국학술지인용색인을 통해 국내에서 다뤄진 학습분석 대시보드 연구를 수집·분석한 결과, 총 20편의 관련 연구 중, 2편의 연구가 관련 연구동향의 분석을(예: 진성희, 유미나, 2015), 12편의 연구가 대시보드의 설계와 개발을(예: 박연정, 조일현, 2014; 임규연 외, 2018), 4편의 연구가 개발된 대시보드에 대

한 사용자 인식을(예: 임지영 외, 2020) 다루고 있다. 수집된 논문 중 2편만이 학습분석 기반 대시보드의 실제적 활용을 다루고 있지만 이들 연구들은 온라인 토론이라는 특정 학습활동에 대한 학습분석 기반 대시보드 활용을 모습을 다루고 있다(유미나, 진성희, 2020; 진성희, 유미나, 2019). 대시보드의 설계와 개발, 학습자 인식을 다룬 연구들이 연구 목적 달성을 위해 대시보드 활용을 부분적으로 다루고 있지만 이들 연구들은 실제적 활용보다는 연구적 접근에 그치고 있다. 즉, 교육현장에서 학습분석의 실제적 활용과 학습분석 관련 연구 수행 사이에서는 이론과 실제 사이의 갭이 발생하고 있음을 확인할 수 있다.

2) 학습분석 대시보드 연구 동향

교육현장에서 학습분석의 활용은 대시보드를 통해 주로 이뤄진다 (조용상, 2014; Shum,2012). 대시보드란 " 하나 또는 그 이상의 목표 달성을 위해 중요한 정보를 보여주는 시각적 화면" 을 말한다(Few, 2007: 1). 이러한 대시보드는 활용 주체, 목적 등에 따라 다양한 형태로 개발되고 활용될 수 있다(진성희, 유미나, 2015; Verbert et al., 2013). 국내 대시보드 연구는 주로 학습분석 기반 대시보드를 개발하고 개발된 대시보드에 대한 사용자 인식을 탐색하는 방향으로 추진되고 있다(예: 이현경, 조영환, 금선영, 2022; 임규연 외, 2018; 임지영 외, 2020). 조영환, 김관훈, 한정윤(2019)은 대시보드의 사용 주체에 따라 학습자용 대시보드와 교수자용 대시보드로 구분하여 탐색하였으며, 진성희와 유미나(2015)는 대시보드를 개발 목적에 따라 학습 지원, 교수 지원, 교육 정책 의사결정 지원을 위한 대시보드로 정리한 바 있다.

그 중에서도 교수자용 대시보드는 개별 학습자의 학습 현황 파악을 용이하게 하여 학생 이해 및 피드백 제공 등 교수자의 교수적 활동을 지원할 수 있다는 측면에서 연구되고 있다(이현경, 조영환, 금선영, 2022). 관련하여 진성희와 유미나(2015)는 교수 지원을 위한 대시보드를 학습자의 학습활동 모니터링, 학습활동에 대한 개입 또는 피드백, 학습활동에 대한 평가의 세 가지 유형으로 구분하였으며, Verbert 외(2013)는 교수자 대시보드가 학습활동 전반에 대한 사항을 확인하고, 교수 활동에 대해 성찰하며, 도움이 필요한 학생을 발견하도록 도울 수 있음을 언급하였다. 이와 같은 교수자용 대시보드의 사례는 〈표 2〉과 같다.

대시보드는 누구에게 어떤 정보를 어떠한 형태로 전달할 것인가에 대한 설계 측면과 제공된 대시보드가 어떠한 영향을 미치는지와 관련한 측면이 주요하게 연구되고 있다(신종호 외, 2018). 〈표 II-1〉의 연구 또한 임성태, 김은희(2017)는 LMS 데이터를 활용해 교수자에게 피드백을 추천하는 대시보드, 신종호 외(2018)는 수업 단계에 따라 수업 전과 수업 과정 데이터로 구분한 대시보드, 황윤자, 서윤경, 김인숙(2021)은 수업 전, 중, 후 및 학생 데이터를 활용한 대시보드를 설계하는 데 초점을 두고 있음을 확인할 수 있다. 한편 진 성희와 유미나(2018)는 토론 내용에 대한 분석을 지원하는 대시보드를 개발하고 학습자 및 교수자를 대상으로 사용성 평가를 실시하여 실제적인 활용 가능성을 확인하였으며, 나아가 Han etal.(2021)은 협력적 토의(collaborative argument)를 지원하는 학습자 및 교수자용 대시보드를 각각 개발하고 4주간 실제 수업에 적용하여 그 효과를 탐색하기도 하였다.

<표 2> 대시보드 연구

연구명	연구목적	대시보드 활용주체	대시보드 개발 목적
학습분석 기반 교수자 피드백 제공을 위한 대시보드 설계(임성태, 김은희, 2017)	학습분석 기반의 교수자 피드백 제공을 위한 대시보드 설계 방안 탐색	교수자	교수자가 학습자에게 개인별 피드백을 제공할 수 있도록 하기 위함.
대학 수업 지원을 위한 학습분석 기반 교수자 대시보드 개발(신종호 외, 2018)	오프라인 수업 중심의 국내 대학 수업 환경에서 효과적으로 활용할 수 있는 교수자용 대시보드 설계 및 개발	교수자	교수자가 체계적이고 지속적으로 수강생의 학습활동을 관리할 수 있도록 하기 위함.
팀기반 온라인 토론의 내용분석을 지원하는 대시보드 개발 및 사용성 평가(진성희, 유미나, 2018)	비동시적 온라인 토론활동에서 토론 내용에 대한 성찰활동을 지원하는 대시보드 개발 및 사용성 평가	교수자, 학습자	토론 내용에 대한 학습자와 교수자의 이해를 촉진하고 성찰 기회를 제공하기 위함
대학생 역량강화를 위한 학습분석학 기반 교수자 대시보드 프로토타입 개발 연구: A대학교 공학계열 학생을 중심으로(황윤자 외, 2021	대학 교육에서 교수학습 질을 개선하기 위해 학습분석 기반 대시보드 프로토타입 개발 및 관련 시사점 도출	교수자	대학 교육에서 교수학습의 질을 개선하고 공학계열 학생의 역량을 강화하기 위함.

그러나 대시보드의 실제적인 활용과 효과에 대한 연구는 아직 부족한 실정이다. 진성희,유미나(2015)는 대시보드 연구동향 분석을 통해 대시보드의 교육적 효과에 대해 탐색한 연구가 많지 않으며 주로 사용성 측면의 평가에 초점을 두고 있음을 보고하기도 하였다. 대시보드는 목표 달성을 위해 중요한 정보를 시각화하여 보여주는 도구이므로(Few, 2007) 사용 주체가 그를 이해하고 활용하는 방식에 따라 교육적 효과가 다양하게 나타날 수 있다. 이러한 관점에서 학습자용 대시보드에 대한 실제적인 인식이나 사용 행동을 탐색한 연구(박연정, 조일현, 2014; 임규연 외, 2020; 임지영 외, 2020)와 학습자용 대시보드의 교육적 효과에 대한 연구(진성희, 2019) 등이 수행되기도 하였으나, 교수자용 대시보드를 이해하고 활용하는 방식에 대해 탐색한 사례는 공교육에서 찾아보기 어려운 현실이다.

3) 맞춤형 교육을 위한 대시보드 활용 방법 및 효과

교사들은 학습분석 기반 대시보드를 활용하여 모든 학습자에게 동일하게 주어지는 일반적인 내용이 아닌 학습자 특성에 맞춘 피드백을 제공할 수 있게 되었다고 응답하였다. 기존에 교사들은 학생이 수강한 내역을 중심으로 단편적이고 추상적인 피드백을 제공할 수 밖에 없었던 한계를 경험하였다. 이에 따라 학생들의 약점을 파악할 수 없어 그에 따른 다양한 학습방법을 피드백으로 제시하는데 어려움을 느끼고 있었다.

[면담] "상담하는 과정에서 학생들이 부족하다고 언급하는 학습 영역에 대해서만 피드백을 줄 수밖에 없기 때문에 해당 학생에 대한 맞춤형 피드백이기보다는 일반적이고 추상적인 학습 방안을 제시해 주는 한계가 있습니다." (A 교사)

그러나 학습분석 기반 대시보드를 활용한 후에는 학생들이 어떤 과목에 강점과 약점을 보이는지를 알 수 있어서 해당 학습자의 특성에 맞는 맞춤형 피드백을 제공할 수 있는 점을 장점으로 제시하였다. 구체적으로 과목별 최초풀이 정답률을 통해 학생들이 어떤 과목에 자신이 있고 어려움을 겪는지, 동영상 해설 보기 횟수를 통해 해설을 확인하면서 학습하는지 등의 학습 특성을 파악하여 해설 확인이나 해당 학생에게 필요한 과목의 수강, 문제 풀이 방식의 변화를 권장하는 방식으로 차별화된 처방을 제공할 수 있게 되었다.

[면담] "과목별, 회차별 형성평가에 대한 정보를 제공하고 있어 학생이 취약한 부분을 확인하고 이를 화상수업에 적용하여 보다 효과적인 학습지원을 제공할 수 있습니다." (C 교사)

[B 교사의 피드백 사례(대시보드 활용 후)]

교사: 화법과 작문은 최종정답률이 100%이지만 수학 I 은 43% 정도 되더라고요. 00이가 화법과 작문은 틀리면 다시 풀어보는 걸로 보였지만, 수학은 틀리면 틀리는 대로 그대로 두더라고요. 선생님은 처음에 얼마나 맞추느냐 보다는 틀린 문제를 다시 풀어서 얼마나

내 것으로 만드느냐가 더 중요하다고 생각해요! 수학Ⅰ 문제도 틀리
더라도 그냥 넘어가지 말고 화법과 작문처럼 다시 풀어서 끝까지
맞춰보면 좋을 것 같아요^^ (B 교사)

학습분석 기반 대시보드는 교사들이 학생들의 학습유형과 특성에
맞는 맞춤형 피드백뿐만 아니라 처방적인 피드백을 제공하는 데에
도 효과적인 역할을 할 수 있다. 연구에 참여한 교사들은 대시보드
를 활용하기 전에는 개별 학생들의 학습정보만 확인할 수 있었으나,
대시보드를 활용한 후에는 다른 학생들과 비교하여 해당 학생이 상
대적으로 어느 정도 위치에 있는지를 한눈에 파악할 수 있어 이를
바탕으로 구체적인 피드백을 제공하고 학생들의 외적 동기를 강화
할 수 있음을 강점으로 이야기 하였다.

교사들은 학습분석 기반 대시보드를 활용한 피드백이 가진 내용
의 다양성과 풍부함을 공통적으로 강조하였다. 맞춤형 교육의 필요
성을 인지하고 있는 교사들은 지금까지 맞춤형 피드백을 제공하려
노력했지만 피드백 마련에 참고할 수 있는 정보의 유형과 양의 제
한으로 그러한 피드백 제공이 어려웠다고 말하였다. 대시보드는 교
사들의 맞춤형 피드백 마련을 가능하게 하는 다양하고 풍부한 정보
를 제공하고 있음이 확인되었다. 교사 중 한 명은 맞춤형 피드백을
하나의 요리로 비유하며 개별 학생 특성에 맞는 맞춤형 요리(맞춤
형 피드백)를 하는 과정에서 대시보드는 그 요리에 필요한 재료들
이 모여 있는 하나의 종합마트 같다고 응답하였다. 일부 교사들은

대시보드의 활용이 지금까지 맞춤형 피드백 마련에 있어 자신이 너무 특정 정보(예: 형성평가 정답률 등)만 의존하고 있었음을 성찰하게 해주었고 이를 통해 자신이 맞춤형 교육을 위해 제공하는 피드백의 구성과 내용을 개선시키는 데 도움이 되었다고 응답하였다.

4. 학습자 동기 유발과 보상[66]

1) 학습 동기의 이해

학습 동기와 학업 지연 간의 관계에 대한 연구 결과를 종합해 보면, 일반적으로 학습 동기가 높을수록 수동적인 학업 지연은 적어지지만, 능동적인 학업지연은 높아지는 경향이 있다. 하지만, 능동적인 학업지연 측면에서는 여러 연구에서 상이한 결과가 나오고 있어 이에 대한 추가적인 연구가 필요하다.

예를 들어, Chu와 Choi(2005)는 외적 동기화가 대학생의 능동적인 학업지연과 음의 상관관계를 보이지만 내적 동기화는 유의미한 상관관계를 보이지 않는 반면, Taura 등(2014)는 내·외적 동기화 모두 능동적인 학업지연과 양의 상관관계를 보인다는 결과를 제시하고 있다.

---

66) 권진주(2022)의 연구 성과를 주되게 참고하여 발췌함.

2) 학습동기 유발 방법

학습동기를 유발하기 위한 방법은 스마트러닝 환경에서 중요한 전략이다. 학습 동기를 유발하기 위해 학습자에게 '자율성', '과제 흥미', '성공 기대감'과 관련된 동기를 주는 것이 중요하며, 학습이 진행됨에 따라 '자기 효능감'과 '성취의 재미'를 강조하는 것이 효과적이다. 이러한 전략은 학습의 초기 설정부터 학습이 완료될 때까지 고려되어야 한다. 특히, 학습자 주도적으로 학습을 진행해야 하는 온라인 환경에서는 학습자에게 동기를 부여하기 위한 전략이 철저히 계획되어야 한다. 이를 위해 학습의 각 단계에서 어떤 동기가 강조되어야 하는지 고려해야 한다. 또한, 긍정적인 학습 경험을 제공하여 학습자가 학습을 지속하도록 유도하는 것이 중요하다.

3) 보상이론

욕구 단계 이론은 개인의 행동이 자신의 욕구를 충족시키는 과정에서 형성된다는 이론이다. 매슬로우는 욕구를 5가지 단계로 나누어 개인의 욕구와 동기 형성 간의 관계를 설명한다. 이 이론에 따르면 욕구는 순차적으로 발달하며, 하위 단계의 욕구가 충족되어야 상위 단계의 욕구가 발생한다고 주장한다. 또한, 충족된 욕구는 더 이상 행동을 유발하지 않는다고 설명한다. 이러한 이론을 통해 학습자의 욕구를 이해하고, 학습 동기를 유발하는 전략을 개발할 수 있다.

5. 평가와 맞춤형 피드백을 위한 교수설계

교수설계는 수업 체제와 관련된 요구와 문제(평가, 피드백)를 토대로 명확한 목표 설정을 하고, 수업 체제의 전 과정을 합리적이고도 체계적으로 구성하고 조정해 나가는 전략적 과정이다(권성호, 1992). 이러한 측면에서 효과적인 피드백과 평가를 위한 수업을 설계하는 방법에 대해 이해하고, 실천해야할 필요성이 있다. 물론, 체제적 교수설계의 과정은 요구 분석, 거시설계, 미시설계, 실행, 평가 등 많은 단계로서 수업을 설계한다. 그러나 교수자로서 교수설계를 직접하는 교수자와 그렇지 않은 교수자의 수업 실행에는 큰 차이가 있다. 본 절에서는 체제적 교수설계 과정 중 설계에 따른 평가 부분에 대한 예시를 제공하여 실제적인 교수설계를 위한 방법을 제공하고자 한다.

제목: 초등학생을 위한 인성교육 프로그램 평가 설계

1. 거시적 교수전략(프로젝트 기반 학습)

1) 프로젝트 기반 학습 개요

프로젝트 학습은 혼자하는 주어진 교과서를 풀어 가는 전통적인 교수방법이 아닌 팀원과 협력하여 정보를 수집 및 분석을 실시하고 서로 다른 의견이 있을 경우 합리적인 정보와 대화를 통해 교류를 하며 팀원이 노력한 결과를 보고서로 만드는 과정으로 학습자 중심의 '목표지향적 활동'에 주안점을 두며, 학습자가 중심이되어 계획을 세우고, 구체적인 실천을 통하여 유기적 상호작용을 할 수 있기 때문에 인성교육 수업을 진행하는데에 있어 적절한 모형이라 할 수 있다.

2) 프로젝트 기반 학습을 선정한 이유

근거: 요구분석, 학습자 분석 자료 기반

이유

요구분석 '실제'에서 학습자들은 국어과목의 '문학' 영역과 도덕과목의 '타인과의 관계' 영역에 대한 수행평가 결과는 매우 낮았다. 현재 학습자들은 수행평가에 제시된 사건에 대해 집중을 하지못하는 경향이 많았으며, 인물의 성격을 고려하지 않고 자기중심적인 성향을 드러내었다. 또한 요구분석 '원인'에서 실시한 KEDI의 인성검사 요소 중 (사회적)책임에 대한 설문결과를 보면 여러 사람과 협력활동을 하기 어려워 한다는 사실을 알 수 있다. 학습자의 인성교육을 실시함에 있어서 가장 중요한 필수요소는 '자기존중', '배려·소통', '예의', '사회적 책임'에 있다. 따라서 프로젝트 기반 학습을 실시함으로서 학습자 간에 교류를 통해 협력하는 과정에 대해 이해하고, 이를 토대로 문제를 함께 해결해 나가는 과정을 진행하면서 자연스럽게 인성교육의 필수요소도 자연스럽게 배울 수 있기 때문에 프로젝트 기반 학습을 선정하였다.

3) 프로젝트 기반 학습의 과정(신민희, 2009)

모형의 단계	내용	투입 매체
동기유발 및 문제 파악하기	▪ 학습의 의미 부여하기 ▪ 문제 분석, 문제 정의하기	PPT
과제수행 계획 세우기	▪ 필요한 지식 정보 규명하기 ▪ 주요 과제 규명하기 ▪ 역할 분담하기	PPT 활동지
문제해결 모색하기	▪ 자료·정보 수집하기 ▪ 탐구 및 적용하기 ▪ 함께 상호작용하면서 협력 및 토론하기	활동지 콘텐츠
결과 정리하기	▪ 결과 정리하기 ▪ 학습 결과물 완성하기	활동지 콘텐츠
발표하기	▪ 발표자료 준비하기 ▪ 발표를 통한 장·단점 분석하기	콘텐츠
평가 및 성찰하기	▪ 평가 및 성찰하기	활동지

2. 미시적 교수전략

1) 교수전략 종류 선정

교수전략 종류	목표
토의	개념의 올바른 형성이나 획득
의사결정 및 협동	개념적 지식을 구성하고 원리를 창안하는 과정과 유사한 과정을 학생들이 경험
ARCS 동기전략	학생의 학습 동기 증진

2) 교수 매체 및 자료

교수 매체	특징
PPT	영상자료, 사진 등을 하이퍼링크를 통해 제시함으로서 학습 내용을 효율적으로 제시할 수 있으며 시각자료를 다양하게 제공하기 때문에 학습자의 집중도를 높일 수 있다.
활동지	학습이 진행되는 과정에 있어서 학습자에게 수업 내용의 방향성을 안내할 수 있는 자료가 될 수 있으며, 학습자의 성취 정도 평가를 할 수 있다.
영상자료, 책	인물과 인물간의 갈등, 사건에 대한 영상자료, 책을 제공하고 이를 통해 관찰 및 토론 진행의 기초자료가 될 수 있음

교수 프로그램 개발

차시		6/9(블록형)	
단원 학습 목표		온 작품 속 등장인물과의 간접적 관계 맺음 경험을 통해 자신을 되돌아 보는 자아 성찰을 할 수 있다.	
주제		작품의 인물과 만나며 성장하는 우리	
교수전략		프로젝트 기반 학습	
단계 (분)	PBL 요소	배움 내용	학습자료
도입 (20)	동기유발 문제 파악하기	□ 수업 방법 안내: 모둠을 구성하고 수업 진행 과정에 대해 설명 □ 마음열기 - 나의 성격은 이런거 같아요. ┌─────────────────────────────┐ 모둠에서 나와 비슷한 성격을 가진 친구를 찾아보고, 비슷한 성격의 친구에 주변 인물들과 더 좋은 관계를 맺을 수 있도록 조언하는 편지 쓰기 └─────────────────────────────┘ - 작성한 편지를 모둠별로 선정하여 발표하고, 좋았던 '단어', '문장' 선정하기 □ 과제 수행 안내 [활동1] 책 속 인물들의 성격을 알아보아요. [활동2] 책 속 나와 닮은 꼴에게 전하는 마음	-PPT(마음 열기 자료 및 책 내용 자료) -활동지
전	자료·정보	[활동1] 책 속 인물들의 성격을 알아보아요.	- '아름다

개 (40)	수집하기 함께 상호작용하면 서 협력 및 토론하기	- 책 속에 등장하는 인물들의 성격을 생각해보고, 각각 떠오르는 단어를 나열한다. - 모둠별로 인물들의 성격을 나타내는 단어를 선정한다. - 모둠별로 발표를 통해 다른 의견에 대한 이유를 설명하고 활동지에 작성한다. - 모둠 발표 결과를 정리하여 전체의 인물들의 성격을 정한다. [활동2] 책 속 나와 닮은 꼴에게 전하는 마음 - 모둠 발표 결과를 토대로 선정된 책 속의 등장인물의 성격과 나와 가장 비슷한 성격을 가진 인물을 찾아본다. - 책 속 주변 사람들과 어울리지 못하는 이유에 대한 편지를 쓴다. - 모둠별로 토의를 하여 편지의 내용을 수정한다.	운 아 이' 책 -활동지 -테블릿PC
정 리 (20)	결과 정리하기 발표하기	- 모둠별로 등장인물과 가장 비슷한 성격을 가진 조원이 작성한 편지를 선정한다. - 모둠별로 편지를 낭독하고, 편지를 선정한 이유에 대해 발표하기 - 학습자 및 교사 피드백 실시 및 편지 내용 수정하기 - 차시 예고	-PPT -테블릿PC

학습자료

학습자료 1	인물의 마음을 여러 가지 표정으로 표현하기	한국교원대학교부설월곡초등학교 ( )학년 ( )반 이름( )

책을 읽고, 인물의 마음을 여러 가지 표정으로 표현하여 봅시다.

📖 책 제목

📖 어떤 인물인가요? 인물의 이름을 써도 좋아요.

| 예: 할머니, 친구, 홍길동 | |

📖 인물의 마음은 어땠을까요? 말주머니 안에 써봅시다.

📖 인물의 마음을 여러 가지 표정으로 표현해봅시다.

형성평가

1) 1단계 전문가 검토

구분	내용전문가	교수설계전문가	현장전문가
대상	인성교육 석·박사 국어·도덕교육 석·박사	교육공학 석·박사	4학년 교사 4인
검토 내용	내용의 적절성, 연계성, 통합성	교수 전략	교수프로그램의 현장 활용 가능성, 학습자 수준과의 적합성

2) 2단계 일대일/임상적 평가

평가 목적	·교수 프로그램의 오류 파악 ·프로그램 내용에 대한 적절성 및 학습자의 학습 성취 여부 및 반응 확인
평가 방법	·면담
평가 대상	·4학년 학생 3명(상위학습자, 평균학습자, 하위학습자 각 1명)
평가 내용	·(명확성) 학습 과정에서 사용된 어휘와 문장은 이해하기 쉬웠는가? ·(효과) 학습 내용을 학습하기에 쉬웠는가? ·(실행가능성) 교실 환경을 고려하였을 때 본 학습은 완전히 이루어질 수 있는가?

3) 3단계 소그룹 평가

평가 목적	· 다양한 학습자에게 설계 프로그램을 적용시켜 효과 확인 · 설계 프로그램 적용시의 오류 사전 확인
평가 방법	· 사전검사, 사후검사, 설문, 관찰 기록
평가 대상	· 초등학교 4학년 학생 10명(상위학습자 2명, 평균학습자 6명, 하위학습자 2명) 무작위 추첨 및 5명(상위1, 평균3, 하위1) 씩 2개 그룹 편성
평가 내용	· 교수 프로그램은 재미있는가? · 학습 내용이 명확하게 이해되는가? · 교수 프로그램의 내용과 학습 목표가 직접적으로 연관되는가? · 학습자의 활동 횟수 및 시간은 충분한가? · 활동 방법은 배운 내용과 연관되는가? · 교사는 학습자에게 충분한 피드백을 제공하는가? · 평가 내용은 학습 내용과 연관 있는가?

4) 4단계 현장 평가

평가 목적	· 소집단 평가 결과를 반영하여 수정한 효과가 있는지 여부를 파악함
평가 방법	· 초등학교에 프로그램 보급 후 대상 면담 및 관찰
평가 대상	· 초등학교 4학년 1학급 학생
평가 내용	· 교수 프로그램 - 학습 내용들 간 전환이 자연스러운가? - 다양한 교수 활동에서 내용의 흐름은 일관성이 있고 논리적인가? - 교수 전략이 활동과 강사의 설명에 반영되었는가? - 학습 목표가 적합하게 제시되었는가? - 각 내용에 대한 안내가 적절한가? - 교수 전략이 학습 과정에 적절한가? - 각 학습에서 사용하는 어휘가 적절한가? - 교수 매체가 대상 학습자들에게 적절한가? · 강사 주도 측면 - 강사는 확신을 가지고 있고, 열의에 차 있으며, 도움을 주고, 학습내용을 잘 알고 있는가? - 가르칠 내용에 대한 수업의 일관성이 지켜지는가? - 분명한 태도로 학습 내용을 제시하는가? - 교수매체의 사용은 학습자의 이해를 돕는가? - 학습자의 질문에 충분하고 정확한 피드백을 제공하는가? - 적절한 피드백에 따라 충분한 활동을 제공하는가?
자료 수집	· 관찰 기록지, 사후검사, 사전검사, 설문지

총괄평가

1) 평가 모형 선정(Kirkpatrick 4수준 평가모형)

Kirkpatrick 평가모형은 대표적인 교육 프로그램 평가 모형으로 교육, 연수 프로그램의 평가에 널리 사용되고 있으며, 4가지 수준으로 이루어진 일련의 평가 단계가 존재하고 각 단계가 모두 중요하며 이전의 단계는 다음 단계에 영향을 미치게 된다.

Kirkpatrick(2006)

[1수준] 반응평가	프로그램에 참여하는 사람들이 반응에 대한 만족도 조사(프로그램의 질, 운영과정, 수업방법)
[2수준] 학습평가	참가자의 태도 변화, 지식 향상, 기술향상의 정도
[3수준] 행동평가	참가자가 교육 프로그램에 참가했기 때문에 발생하는 행동의 변화 정도
[4수준] 결과평가	참가자가 프로그램에 참석했기 때문에 발생한 최종 결과 프로그램의 최종 목표의 달성 정도에 해당

1수준 반응평가

1) 학습 프로그램에 전반에 대한 만족도
- 평가 대상: 교육 프로그램 수료 학생
- 평가 방법: 설문지(5점 리커트 척도)

문항	항목	평균
1	나는 수업에 적극적으로 참여하였다.	4.72
2	선생님이 학습 프로그램에서 제공한 자료와 내용은 만족스러웠다.	4.61
3	프로젝트형 학습 프로그램과 수업 내용은 나에게 적합하였다.	4.48
4	학습 프로그램을 통해 타인의 대한 이해가 높아졌다.	4.63
5	학습 프로그램을 통해 타인에 대한 배려에 대한 관심이 높아졌다.	4.46
6	기존의 국어·도덕 수업보다 이러한 수업이 도움이 되는 것 같다.	4.81
7	바뀐 수업 환경에 대해 만족한다.	4.48

2) 학습 프로그램 세부 만족도(학생)

	전체	콘텐츠 내용	조별 활동	모둠 과제 수행	선생님 피드백
평균	4.60	4.62	4.58	4.70	4.48

2수준 학습평가

- 평가 대상: 교육 프로그램 수료 학생
- 평가 방법: 사전검사(자기보고식 검사), 사후검사(성취평가)
- 평가 간격: 4주(13차시)

문	항 목	사 전		사 후		t	유의 확률
		평균	표준 편차	평균	표준 편차		
1	나는 의사소통의 목적, 상황에 따른 담화 유형에 대해 이해하고 있다.	3.78	0.86	4.43	0.83	-2.40	.017
2	나는 등장인물의 마음을 생각하며 작품을 감상하고 내용을 간추리며 느낀점을 구체적으로 쓸 수 있다.	3.69	0.82	4.38	0.79	-4.19	.000
3	나는 마음을 전할 내용을 구체적으로 계획하고 마음을 나타내는 표현이 드러나게 마음을 전하는 글을 쓸 수 있다.	3.52	0.88	4.31	0.81	-5.77	.000
4	나는 마음을 나타내는 낱말을 세 개 이상 사용하여 편지 형식에 맞게 마음을 전할 수 있다.	3.37	0.84	4.47	0.81	-4.65	.000
5	마음을 나타내는 표현에 대해 공부하는 것은 중요하다.	4.34	0.65	4.45	0.73	-0.65	.514

3수준 행동 평가

- 평가 대상: 교육 프로그램 수료 학생, 교육 프로그램 시행 교사
- 평가 방법: 포커스 그룹 인터뷰
- 평가 간격: 교육 프로그램 종료 3개월 후

	학생 인터뷰 문항
1	교육 프로그램에서 다양한 학습 활동을 잘 수행하였는가?
2	교육 프로그램에서 학습한 마음을 전하는 글을 쓸 수 있는 낱말에 대한 개념과 원리가 잘 이해되었는가?
3	교육 프로그램에서 습득한 지식을 교과 또는 생활 속에서 활용하고 있는가?
4	교육 프로그램에서 배운 내용에 대해 만족하는가?

	교사 인터뷰 문항
1	교육 프로그램 기간은 학습 내용 전달에 적당하였는가?
2	교육 프로그램 실시 중과 후에 학생들의 학습은 전이되는 모습을 보였는가?
3	학생들의 학습 몰입도와 참여도는 높아졌는가?
4	교육 프로그램 실행에 대해 만족하는가?
5	국어과목과 도덕과목을 통합 및 재구성하여 인성교육 수업을 운영했을 때 학생들이 이질감 없이 참여하였는가?

4수준 결과평가

- 평가 대상: 교육 프로그램 시행 교사
- 평가 방법: 포커스 그룹 인터뷰

	인터뷰 문항
1	타자에 대한 이해와 마음을 나타내는 낱말에 대한 지식 습득이 향상되었는가?
2	교육 프로그램에 참여한 학습자들의 정서(동기)적인 부분에서 도움이 되었는가?
3	학생들의 추후 국어·도덕 학습에 부담을 덜고 도움이 되었는가?
4	국어, 도덕 과목을 각각 지도했던 교사가 두 과목을 통합하여 운영하는데에 있어서 부담감이 경감되었는가?

환류 계획

Kirkpatrick의 평가모형으로 총괄평가를 진행한 결과 학습자들은 프로젝트 기반 학습에 대해 매우 긍정적인 성향을 보였다. 이에 기초하여 향후 수업 진행에 있어서 반영될 사항은 다음과 같다.

수업 개선 반영	인성교육이라는 영역 한에 한정 짓는 것이 아닌 3~4학년군의 국어의 '문학' 영역과 도덕의 '타인과의 관계' 영역은 유사하다고 판단하였고, 통합하여 가르쳤을 때 학습자들의 학업성취도 역시 올라갔다. 이에따라 국어의 '문학' 영역과 도덕의 '타인과의 관계' 영역을 전체적으로 통합 및 재구성을 실시하여 수업에 반영한다.
환경 조성 방안	교사 개인에게 할당되는 학급 운영비로는 교실 환경의 혁신이 일어나기에는 어려웠다. 교실의 게시판에 여러 작품을 붙이고, 마음에 드는 등장인물에게 스티커를 붙이기 등 단편적인 활동밖에 할 수 없었다. 이를 극복하기 위해서는 국가차원에서 메타버스 환경을 조성한다면, 플랫폼 안에서 환경구축(영화파트, 책파트)을 통해 학생들이 좀 더 자유롭게 의견을 펼칠 수 있는 장이 만들어질 수 있다고 본다.

Reference

박효진, 주현정 (2021). 강의식 대형강좌 학습자의 학습동기 유형 및 특징 분석. 학습자중심교과교육연구, 21(22), 477-491.

최경미, 장기덕 (2019). 학습코칭과 보상시스템의 융합적 운영이 학습공동체 참여 대학생들의 학업적 자기효능감과 학습성과에 미치는 효과. 한국융학학회지, 10(7), 39-45

이필남, 홍지인 (2022). 학습자 중심 교수 활동이 교육격차에 미치는 영향. 학습자중심교과교육연구, 22(1), 719-734.

김주경 (2022). 대학 신입생의 자기주도성이 학습행동전략을 매개로 문제해결력에

미 치는 영향. 학습자중심교과교육연구, 22(15), 697-710.

김난옥, 박민애, 이빛나, 손원숙 (2018). 교사의 특성과 피드백이 초등학생의 정의
적,인지적 성취에 미치는 영향. 교육과정평가연구, 21(2), 129-151.

한정윤, 구예리, 김수진 (2023). 챗GPT를 활용한 맞춤형 피드백 생성 및 효과 분석.
교육정보미디어연구, 29(4), 1123-1151.

안진현, 선동언, 김현철 (2023). 학습자 모델을 이용한 맞춤형 피드백 방법 연구. 한
국컴퓨터교육, 21(2), 125-127.

도재우, 어정인, 나용재, 김수진 (2022). 맞춤형 교육을 위한 교사의 학습분석 기반
대시보드 활용과 인식에 대한 연구. 한국교원교육연구, 39(4), 261-289.

강위영 · 이상복 · 변착석 · 이상훈 · 서경희 · 이효신 · 윤점룡 (1997). 아동의 이해와
심리 · 행동치료 교육. 대구: 대구대학교 출판부.

교육부 (2018). 초등학교 교육과정: 교육부 고시 제 2018-162호 [별책 2], 세종: 교육부.

교육부 (2019). 3~4학년군 도덕 교사용 지도서. 서울: 지학사.

교육부 (2019). 3~4학년군 국어 교사용 지도서. 서울: 지학사.

현주 · 임소현 · 한미영 · 임현정 · 손경원(2014). KEDI인성검사 실시요강. 한국교육개
발원 연구보고서.

김상인 (2016). 연상화기법이 부적응 청소년의 자아존중감과 미래자화상에 미치는 효
과. 예술심리치료연구, 12(1), 131-150.

김아영 (2022). 역량중심교육 관점에서의 초등 도덕과 교육과정 개정 일고찰. 초등도덕
교육, 79(1), 151-192.

이자영 · 남숙경 · 이미경 · 이지희 · 이상민 (2009). 로젠버그의 자아존중감 척도: 문항
수준 타당도분석. 상담 및 심리치료, 21(1), 173-189.

김유리, 배현순(2020), 코로나19 이후의 학생 심리지원을 위한 마음챙김 교육: 해외사
례를 중심으로. 서울특별시교육청교육연구정보원.

이근영, 김미남, 김성희, 김유리, 서명희, 양경화, 주문희, 최지현(2021). 코로나19 전후
학생들의 심리와 정서 변화 연구. 경기: 경기도교육연구원.

정익중, 이수진, 강희주(2020), 코로나19로 인한 아동일상 변화와 정서 상태. 한국아동
복지학, 69(4), 59-90.

김유리 (2021). 코로나19 전후 학생들의 심리와 정서 변화: 서울학생들을 중심으로. 서
울특별시교육청교육연구정보원 교육정책연구소, 32(1).

협력적 Coaching과 학습자

VII
협력적
coaching

VII. 협력적 코칭과 학습자

이한솔

1. 협력적 코칭

1) 협력적 코칭의 의미

협력적 코칭의 의미는 대상에 따라 달라진다. 협력적 코칭은 크게 교수자 간 협력적 코칭과 학습자 간 협력적 코칭으로 나뉠 수 있다. 일반적으로 협력적 코칭은 동료 코칭으로 불리고 있으며, 교수자가 자신의 교육적 행위를 개선하기 위해 자발적으로 협력 공동체를 형성하여 교수자 간 피드백을 주고받는 것을 의미한다(정민수, 2018). 하지만 협력적 코칭은 교수자뿐만 아니라 학습자에게도 충분히 변형되어 적용될 수 있다. 특히 능동적인 학습자로 성장하는 것이 강조되는 시점에서 학습자 간 피드백을 주고받으며 함께 발전하는 방향의 학습을 경험하는 것이 중요하다. 정리하면, 본 글에서 의미하는 협력적 코칭은 서로 다른 학습자가 상대의 목표 달성을 지원하기 위해 협력적 교수 활동을 진행하는 것이라 할 수 있다.

이상의 의미에 따르면 협력적 코칭은 일종의 협동학습이라고 볼 수 있다. 학습자 간 협력적 코칭의 개념을 직접적으로 활용한 연구를 찾기 어려운 것과 달리, 협동학습은 교육계에서 오랫동안 논의되어 왔다. 따라서 협동학습에 대한 탐색을 통해 협력적 코칭의 의미를 더불어 도출할 수도 있을 것이다. 다만 협동학습과 협력적 코칭의 구체적인 차이는 용어에서 살펴볼 수 있다.

협동학습(cooperative learning)은 학습(learning)에 초점이 맞추어져 있다고 볼 수 있다. 반면 협력적 코칭(co-coaching)은 학습보다는 교수(teaching)에 더 가까운 코칭(coaching)에 초점이 맞추어져 있다. 따라서 협력적 코칭은 단순히 또래 친구들과 함께 공통된 목표를 달성하는 학습활동이 아니라, 학습자들이 각자 도움이 필요한 부분을 채워주기 위해 또래 친구들이 서로 촉진적인 역할을 하도록 하는 것이다.

2) 협력적 코칭의 기술

협력적 코칭은 협동학습과 마찬가지로 사회적 기술이 필요하다. 원활한 또래와 상호작용할 수 있도록 본격적으로 학습에 들어가기

전 사회적 기술을 습득해야 한다. 협력적 코칭에서 필요한 사회적 기술에는 경청, 질문, 피드백 등이 있다(정미란, 2013).

경청 기술

경청 기술은 이야기를 듣는 태도에 따라 '귀로 듣기', '입으로 듣기', '마음으로 듣기' 세 가지 종류로 나눌 수 있다. 귀로 듣기에서 중요한 점은 '8대 2'의 원칙을 지키는 것이다. 도움을 받는 학습자가 8할을 말하도록 하고, 도움을 주는 학습자가 2할을 말하도록 하는 것이다. 입으로 듣기에서 중요한 점은 상대의 말에 맞장구를 쳐주거나 적절한 질문을 하는 것이다. 마음으로 듣기에서 중요한 점은 상대방이 나의 생각과 다른 의사를 표현하더라도 상대방이 말하고 싶어 하는 것을 들어주는 자세를 가져야 하는 것이다.

질문 기술

질문기술은 절차에 따라 '과제탐색 질문', '대안설정 질문', '실행계획 질문' 세 가지로 나눌 수 있다. 과제탐색 질문은 대화의 주제를 파악하고, 목표와 현재 상황을 명확하게 하는 것이다. 대안설정 질문은 여러 가지 가능성을 탐색할 수 있도록 돕는 것이다. 이때 또래 친구가 제안한 대안에 대해서 옳고 그름을 판단하지 않는다. 실행계획 질문은 도움을 받는 학습자가 직접 실행계획을 세우도록 하는 것이다.

질문 기술	예시
과제탐색 질문	- 결과가 어땠으면 좋겠어? - 우리가 배울 수 있는 것이 무엇일까?
대안설정 질문	- 문제를 해결하기 위해 어떤 걸 할 수 있을까? - 어떤 방법이 좋을까?
실행계획 질문	- 무엇부터 시작하면 좋을까? - 실행할 때 겪을 수 있는 문제점이 뭐가 있을까?

3) 피드백 기술

피드백 기술은 방식에 따라 '중립적 피드백', '구체적 피드백', '해결 지향적 피드백' 으로 나누어 생각할 수 있다. 중립적 피드백은 칭찬이나 비난을 하지 않는 것이다. 판단을 제외하고 객관적인 사실을 피드백해야 한다. 구체적 피드백이란 피드백에 대해 시간, 사람, 장소 등을 밝혀 양으로 제시하는 것이다. 해결 지향적 피드백은 개선 방안을 생각하고 실행계획을 세우도록 돕는 피드백이다.

2. 협력적 코칭의 실천

앞서 언급했듯이 협력적 코칭은 주로 성인 교수자가 자신의 수업을 발전시키기 위한 방법으로 활용되었다. 따라서, 학습자가 자신의 학습을 발전시키기 위한 협력적 코칭의 구체적 실행 방법을 찾기는 어렵다. 다만, 협력적 코칭은 큰 범위에서 협동학습에 포함이 될 수 있다는 점에 근거하여 협동학습 방법을 활용할 수 있다. 이에 본 장에서는 현재 교육 현장에서 널리 쓰이고 있는 협동학습 방법 중 학습자 간 코칭의 과정이 포함되는 방법들을 소개하고자 한다. 또한 협력적 코칭이 원활하게 진행될 수 있도록 도움을 줄 수 있는 수업 활동도 함께 기술을 하고자 한다.

1) 수업 방법

동료 교수법

동료 교수법은 교수자 역할을 하는 학습자가 지정되어 있다는 점에서 현재까지 제안된 수업 방법 중 학습자 간 협력적 코칭에 가장 가까운 방법이라 할 수 있다. 동료 교수법은 교사의 보조자적 위치에서 훈련받은 교수자 역할의 학습자가 도움이 필요한 다른 학습자를 돕고 가르치면서 학습하는 방법이다(김철, 마대성, 2005). 동료 교수법은 개념을 어려워하는 학습자에게 효과적이며, 학생과 학생 간 상호작용이 가능한 학습 주제에 적용할 수 있는 방법이다. 따라서, 동료 교수법은 교수자가 먼저 주제를 선택하고, 개념 검사 문항을 제작하는 등 수업을 구성하는 과정이 선행되어야 한다(Mazur, 1997).

동료 교수법의 절차는 다음과 같다(이주미, 2017; 김성락, 2017). 첫 번째, 교수자는 학습 주제의 핵심 개념에 대한 강의를 진행한다. 교수자는 강의를 통해 기본적인 내용에 대해 학생들에게 설명을 하는 과정이다. 두 번째, 개념 검사(concept test)를 진행한다. 학생들의 개념학습 정도를 파악하기 위한 사전검사 과정으로, 결과를 거수나 점수 등을 활용하여 확인한 뒤 문항 정답률을 바탕으로 다음 절차를 진행한다. 세 번째, 개념검사 정답률을 바탕으로 학습자와 학습자 간 상호작용이 이루어지도록 한다. 정답률이 30% 미만인 경우 설명이나 힌트를 통해 학습자의 개념 이해를 돕고, 30~70%인 경우 다른 답을 선택한 학생 집단과 정답을 선택한 학생 집단을 구성하여 학생과 학생 간 토론이 이루어지도록 한다. 정답률이 70%가 넘을 경우 정답에 대한 추가적인 설명을 하고 다음 주제로 넘어간다. 이를 도식화하면 다음과 같다.

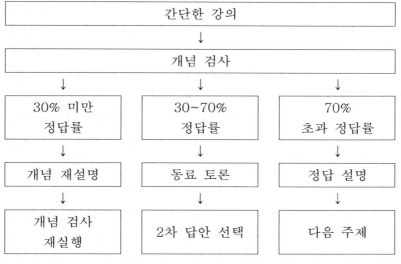

[그림 30] 동료 교수법 절차

2) 직소 모형

직소 모형은 직소 퍼즐(Jigsaw Puzzle)에서 아이디어를 얻은 교수 학습 방법이다. 직소 모형은 1978년에 애론슨(Aronson)이 개발하였다. 직소 모형의 가장 큰 특징은 정보를 학습자에게 직소 퍼즐처럼 분배하여 학습자들이 서로 의존하게 된다는 것이다. 다시 말해, 학습자들은 문제를 해결하는 데에 필요한 정보의 일부만을 가지게 됨을 의미한다. 학습자들이 자신이 가진 정보를 숙달한 후 이것을 집단의 다른 친구들에게 알려주어야 하는 책임을 갖게 된다. 또한, 학습자들은 정보를 가르치는 것뿐만 아니라 다른 친구들이 알려주는 정보를 배워야 하는 책임도 갖게 된다. 결국 문제를 해결하기 위해서는 다른 구성원들의 자원을 필요로 하기에 구성원 간 긍정적 자원 의존성이 생겨나고, 학습자들이 집단에 헌신하는 태도를 가질 수 있도록 해준다. 이러한 직소 모형의 특징을 바탕으로 직소 모형의 절차는 계속해서 직소 1, 직소 2, 직소 3 등의 형태로 발전해 나갔다. 본 강의에서는 직소 1의 절차에 대해 알아보고자 한다.

직소 1 모형의 수업 절차는 [그림 2]와 같다(전성연, 2010). 첫 번째로 집단을 구성한다. 4~6명의 학생들로 이루어진 원래의 집단은 '원소속 집단'이라 부르고, 원소속 집단의 각 구성원들은 문제를 해결하기 위한 각기 다른 정보로서 전문 과제를 받게 된다. 두 번째로 학생들은 원소속 집단에서 나와 동일한 정보를 가지고 있는 다른 집단의 학생들로 구성된 '전문가 집단'을 형성한다. 전문가 집단의 목적은 가지고 있는 정보에 대한 토의를 통해 해당 정보를 이해하는 데에 있다. 세 번째로 원소속 집단으로 돌아가 자신이 학습한 내용을 집단의 구성원들한테 가르치고 토론한다. 마지막으로 전체 학습 과제 또는 문제해결 정도에 대해 개별적으로 평가를 받게 된다.

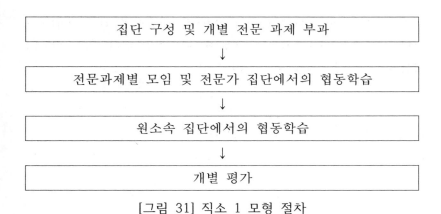

집단 구성 및 개별 전문 과제 부과

↓

전문과제별 모임 및 전문가 집단에서의 협동학습

↓

원소속 집단에서의 협동학습

↓

개별 평가

[그림 31] 직소 1 모형 절차

2) 수업 활동[67]

모둠명 정하기 - 창문 만들기

창문 만들기 활동은 1994년 Kagan이 고안한 방법으로 모둠 구성원의 개성과 공통점을 파악하는 데에 유용하게 활용된다. 창문 만들기는 특히 모둠 세우기를 하거나 모둠명을 정할 때 매우 적합한 방법이다. 또한 의사결정을 위한 토의·토론을 할 때도 효과적이다. 창문 만들기의 구체적인 방법은 다음과 같다. 먼저, 창문 만들기 활

---

67) 정문성(2022)의 토의·토론 수업 방법 99를 참조하였음

동지를 모둠에게 분배한다. 창문 활동지는 중간의 칸을 비워두고 나머지 칸에는 1부터 칸수에 맞게 숫자를 기입 한다. 창문 만들기 활동지의 예시는 [그림 3]과 같다.

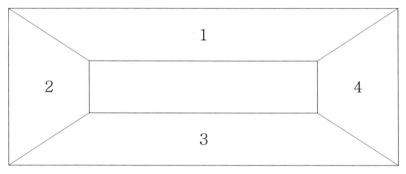

[그림 32] 창문 만들기 학습지

다음으로 교수자나 모둠 리더는 모둠 구성원들이 돌아가면서 공통점을 찾을 수 있는 질문을 하도록 한다. 예를 들어 '치킨을 좋아하는 사람?' 이라고 질문을 했을 때 세 명이 손을 들면 3에다가, 4명이 손을 들면 4에다가 치킨을 적는다. 이러한 질문을 돌아가며 4의 칸이 세 가지 정도 채워질 때까지 반복한다. 4의 칸이 어느 정도 채워지면, 채워진 단어를 활용하여 모둠명을 정하도록 한다.

3) 토의・토론 – 하브루타

하브루타는 최근 유대인의 공부법으로 주목을 받고 있다. 하지만 그 내용을 살펴보면 어느 나라에서나 이미 활발하게 활용하고 있는 학습 활동이다. 하브루타는 쉽게 말해 짝 토의·토론이다. 경청과 말하기의 기술을 함께 익힐 수 있다는 점에서 교육적으로 효과적이며, 간단한 방법으로도 수준 높은 사고력을 경험할 수 있다는 데에 하브루타의 이점이 있다. 하브루타는 두 명씩 짝을 지은 상태로 활동이 시작된다. 한 명은 주어진 시간 동안 자신의 의견을 말하고, 나머지 한 명은 짝의 말을 주의 깊게 들으며 내용을 메모한다. 메모는 단순히 짝이 말하는 내용을 듣고 쓰는 것이 아니라, 자신의 말로 바꾸어 표현할 수 있도록 한다. 시간이 지나면 메모를 한 학생은 일어나 짝이 말한 내용을 발표하게 된다. 이때 의견을 말했던 학생은 짝의 발표를 통해 자신의 말을 새롭게 해석하거나 보완한 부분 등을 듣게 되며 피드백 받을 수 있는 기회를 얻는다. 이러한 과정을 간략하게 정리하면 다음 [그림 4]와 같다.

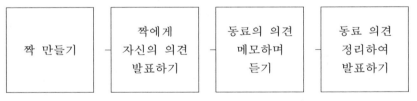

[그림 4] 하브루타 활동 절차

4) 수업 성찰 - PMI

PMI는 드 보노(De Bono)가 개발한 사고방법 중 하나다. 제안된 아이디어의 장점(Plus), 단점(Minus), 흥미로운 점(Interesting)을 따져 본 후 그 아이디어를 평가하는 아주 간단하면서도 효과적인 기법이다. PMI는 본래 아이디어를 산출하거나 의사결정을 할 때 유용하게 활용된다. 뿐만 아니라 PMI는 수업을 마무리하는 단계에서 수업을 성찰하는 도구로도 활용될 수 있다(홍광표, 2015).

수업 성찰 과정에서 PMI는 수업에서 알게 된 점(Plus), 부족한 점(Minus), 더 알고 싶은 점(Interesting)의 의미로 활용될 수 있다. 수업에서 알게 된 점, 부족한 점, 더 알고 싶은 점 등을 학습자가 스스로 적게 하며, 이를 짝이나 학습 집단 전체를 대상으로 공유하는 과정을 거치게 된다. 학생들은 수업의 마무리 과정에서 PMI 수업성찰 일지를 통해 학습 전반에서 자신의 모습에 대한 메타인지 능력까지 기를 수 있게 된다.

오늘 수업에서 알게 된 점 (Plus)	
오늘 수업에서 아쉬웠던 점 (Minus)	
오늘 수업에서 흥미로웠던 점(Interest)	

[그림 34] PMI 성찰일지

3. 코페티션

교육에서 협동의 강조는 현재 교육계에서 나아가려는 방향과 일치한다. 이러한 가치들은 적용한 교수학습 활동은 학습자에게 존중, 배려 등과 같은 긍정적 가치들을 함양할 수 있게 만들어 준다. 또한 문제해결, 비판적 사고능력, 추리 능력과 같이 미래 사회에 꼭 필요한 고차원적 학습 능력까지 길러줄 수 있다. 하지만 학습 과정에서 협동만을 강조하게 된다면 무임승차와 같은 부작용을 생산해낼 수 있다. 이를 방지하기 위해서는 학생들이 학습 활동에 몰입할 수 있는 동기를 부여해야 한다. 일반적으로는 협동학습에서 학생들의 동기를 촉진하기 위해 경쟁적 요소를 활용한다. 협동학습을 강조한 Slavin이 직소 1에서 보상을 제공하는 형식으로 직소 2를 개발한 것이 대표적인 예이다.

하지만 익히 알려진 바와 같이 학습에서 경쟁은 많은 부작용이 존재한다. 대표적인 예가 보상에 의한 외재적 동기로의 몰입과 과도한 경쟁으로 인한 스트레스 등이 꼽힌다. 따라서, 학생들의 동기를 증진하기 위해 단순히 보상을 통한 경쟁을 수업 활동에 적용하는 것은 오히려 교육적으로 역효과를 증진할 수 있다. 정리하면, 협동학습에도 경쟁적 요소가 추가되는 것은 좋은 아이디어지만, 건강하게 경쟁을 할 수 있는 방법에 대한 고안이 필요하다. 이를 위해 활용될 수 있는 개념이 '코페티션(Coopetition)'이다(이한솔, 2023).

1) 코페티션의 의미

코페티션(Coopetition)은 협동(Cooperation)과 경쟁(Competition)이 결합해 만들어진 신조어다. 협동과 경쟁 각각이 지닌 이점만을 취하는 새로운 패러다임의 전략으로 본래 비즈니스 분야에서 시작된 개념이다. 코페티션이 본격적으로 대중화된 계기는 1996년 Brandenburger 와 Nalebuff가 'Co-opetition'을 발간하면서부터다. Brandenburger와 Nalebuff(1996)는 '새로운 제품을 개발하고 가치를 창출하기 위한 협력과 시장 점유율을 확보하고 창출된 가치에 대한 수익을 분배하기 위한 경쟁에 기반한 두 기업 간의 관계'로 코페티션을 정의하고 있다. 쉽게 말해, 비즈니스에서 코페티션은 경쟁 기업과의 협력을 통해 시장을 확장하고, 확장된 시장에서 경쟁 기업과 경쟁을 하는 전략을 의미한다.

이러한 코페티션의 개념은 교육에서도 활용되고 있다. Charles (2000)는 코페티션의 교육적 활용 가능성을 언급하며, 코페티션을 경쟁을 위해 협동하는 것(cooperating to compete)이라고 말했다. 학습 과정에서 그룹 간 경쟁을 활용한 것이다. 이한솔(2024)은 코페티션의 교육적 중요성을 강조하는 연구는 어렵지 않게 찾을 수 있지만, 이를 수업 상황에 실천할 수 있는 구체적 방법이 없음을 지적하며 교육적 코페티션(Educational Coopetition)의 실천 방안을 제안하였다. 이한솔은 교육적 코페티션을 '경쟁 학습과 협동학습이 지닌 이점을 취하고 이들에게서 나타나는 문제점을 배제하는 수업전략' 이라고 정의하였다. 이한솔은 교육적 코페티션을 구현한 수업은 학생들의 사회성, 학습동기, 학업성취를 모두 향상할 수 있다고 말했다.

2) 코페티션의 원리

이한솔(2024)은 코페티션의 교육적 이점에 주목을 하여 이를 구체적인 수업 상황에 적용할 수 있도록 코페티션 수업원리를 제안하였다. 이한솔은 코페티션의 수업원리로 집단활동, 사회적 비교 경쟁, 책임감 형성, 촉진적 지원, 내재적 동기 지향을 제시하였다. 이에 대한 구체적인 내용을 다음 〈표 1〉과 같다.

수업 원리	수업 원리의 구체화
1. 집단활동	[1-1] 학생들의 다양한 특성을 고려하여 이질적인 집단을 형성하도록 노력한다. [1-2] 집단 내 협동, 집단 간 경쟁 구조의 과제를 제시한다. [1-3] 학생들이 집단 내, 집단 간으로 상호작용할 수 있는 시간을 충분히 확보한다.
2. 사회적 비교 경쟁	[2-1] 다른 집단과 활동 과정 및 결과 비교 기회를 제공한다. [2-2] 경쟁 집단의 수를 줄인다. [2-3] 활동 내용을 고려하여 집단 간 수준을 비슷하게 구성한다. [2-4] 집단의 정체성을 강화할 수 있는 활동을 구성한다. [2-5] 다른 집단의 활동 내용 및 결과를 활용하여 개선점을 찾도록 한다.

<표 2> 코페티션 수업원리

수업 원리	수업 원리의 구체화
3. 책임감 형성	[3-1] 책임감을 가지고 활동에 참여할 수 있는 적절한 인원수로 집단을 구성한다. [3-2] 집단의 구성원 간 역할을 부여한다. [3-3] 개인의 성과가 활동 결과에 반영될 수 있도록 한다.
4. 촉진적 지원	[4-1] 평가 기준을 마련하고 이를 학생들에게 공유한다. [4-2] 평가 결과만 비교하는 무보상 또는 상징적 보상을 결과에 따라 가능한 빠르게 제공한다. [4-3] 절대적 기준을 설정하여 평가한다.
5. 내재적 동기 지향	[5-1] 인지적 영역뿐만 아니라 정의적 영역 또한 평가에 반영한다. [5-2] 활동을 주의 깊게 관찰하고 필요시 긍정적 피드백과 정보적 피드백을 제공한다. [5-3] 학생들이 활동을 되돌아보고 성찰할 수 있는 기회를 제공한다.

4, 코페티션의 실천

이한솔(2024)은 코페티션 수업원리를 바탕으로 일반적인 학교 수업 절차에 맞게 구성한 코페티션 수업모형의 절차와 활동을 개발하였다. 코페티션 수업모형의 절차와 활동은 〈표 2〉와 같으며, 단계별 주요 특징을 중점으로 한 설명은 다음과 같다.

<표 3> 코페티션 수업모형

단계	활동
수업 안내	동기 유발-학습 목표 확인-학습활동 안내-평가 안내
모둠 세우기	모둠 구성-모둠 특색 만들기-역할 정하기-라이벌 모둠 선정
1차 활동	설명 및 시범-1차 모둠 활동
중간 평가	라이벌 모둠과 중간 비교 평가
2차 활동	참조 내용 및 피드백 반영 - 2차 모둠 활동
최종 평가	최종 비교 평가-촉진적 지원
성찰	배운 내용 확인 및 성찰

수업 안내 단계는 동기 유발, 학습 목표 확인, 학습활동 안내, 평가 안내의 순으로 활동이 진행된다. 일반적인 수업 진행 절차와 유사하지만, 평가 기준을 학생들에게 수업 전에 안내해 주어여 한다는 것을 강조한다. 모둠 세우기 단계는 모둠 구성, 모둠 특색 만들기, 역할 정하기, 라이벌 모둠 선정의 순으로 활동이 진행된다. 라이벌 모둠 선정은 코페티션 수업모형의 주된 특징 중 하나로, 본격적인 수업 활동 전에 2~3 모둠씩 묶어 라이벌 모둠으로 지정해 준다. 이는 경쟁 모둠의 수가 줄어들수록 경쟁심이 증가하는 원리를 이용한 것이다.

1차 활동은 설명 및 시범, 1차 모둠 활동의 순으로 진행된다. 먼저 학습 목표를 달성하기 위해 학습자들이 숙지해야 하는 내용을 교수자가 알려주어야 한다. 이후 본격적인 학습 목표 관련 과제를 수행하게 된다. 1차 모둠 활동은 연습 형식의 게임이나 문제풀이, 제한 시간 내 활동하기 등 상황에 맞게 다양하게 구성할 수 있다. 중간 평가는 라이벌 모둠과 중간 비교 평가를 하게 된다. 이때 중요한 점은 교수자가 모둠별 피드백을 주어야 하는데, 피드백을 학생들이 모두 보거나 들어 비교할 수 있게 명시적으로 제공하는 것이 중요하다.

2차 활동은 참조 내용 및 피드백 반영, 2차 모둠 활동의 순으로 진행된다. 중간 비교 평가에서 얻은 피드백이나 보고 들은 내용들을 종합하여 다시 모둠 활동을 진행해 보는 것이다. 최종 평가는 최종 비교 평가, 촉진적 지원의 순으로 활동이 진행된다. 학습자들은 다른 모둠과 자신 모둠의 결과물을 최종적으로 비교하는 기회를 갖게 되며, 이때 역시 교수자는 학습자에게 공개적으로 피드백을 해주어야 한다. 학생들이 과도한 경쟁심에 좌절이나 불안감을 느끼지 않도록 물질적인 보상보다는 피드백 자체를 통한 격려나 사소한 상징적 보상 정도가 지원되어야 한다. 성찰은 배운 내용 확인 및 성찰을 하게 된다. 다른 모둠과의 비교 과정에서 과도한 경쟁심에 매몰되지 않고, 배운 내용에 다시 집중할 수 있도록 일종의 쿨링 다운(cooling down) 시간을 갖는 것이다.

코페티션 수업모형은 협동학습의 이점과 경쟁학습의 이점을 부작용 없이 동시에 취할 수 있다는 이점을 가지고 있다. 이러한 코페티션 수업모형을 협력적 코칭 활동에 적용하게 된다면, 학습자들이 경쟁적 동기를 통해 흥미를 부여받으면서도 협력적 요소가 가지고 있는 긍정적 결과까지 얻을 수 있는 일석이조의 기회가 될 것으로 기대된다.

Reference

김성락. (2017). 동료교수법(Peer Instruction)을 활용한 초등과학 수업 프로그램 개발 및 적용. 국내석사학위논문 경인교육대학교 교육전문대학원

김철, 마대성. (2005). 컴퓨터 소양능력의 신장을 위한 동료교수법의 활용. 정보교육학회논문지, 9(1), 57-68.

이주미. (2017). 동료교수법을 적용한 교수법이 초등학생의 과학개념형성에 미치는 효과 분석. 국내석사학위논문 한국교원대학교 교육대학원

이한솔, 김현욱. (2023). 경쟁에 대한 교육적 고찰. 교원교육, 39(2), 187-204.

이한솔. (2024). 코페티션 수업모형 개발. 국내박사학위논문 한국교원대학교.

전성연. (2010). 협동학습 모형 탐색. 서울: 학지사.

정문성. (2022). 토의·토론 수업방법 99. 파주: 교육과학사

정미란. (2013). 동료코칭을 통한 초등영어교사의 언어적 스캐폴딩과 상호작용 유형의 변화에 관한 사례연구. 국내석사학위논문 광주교육대학교 교육대학원

정민수. (2018). 동료코칭 기반 교사학습공동체의 수업재구성 경험에 대한 연구. 한국교원교육연구, 35(2), 23-49.

홍광표. (2015). 사회과 수업을 위한 문제기반학습 프로그램 개발. 인문학논총, 39, 125-148.

Brandenburger, A. M., & Nalebuff, B. J. (1997). Co-opetition. Currency.

Mazur, E. (1997). Peer instruction: Getting students to think in class. In AIP conference proceedings. IOP INSTITUTE OF PHYSICS PUBLISHING LTD.

챗GPT와 인공지능 교육의 미래

VIII
챗GPT
& AI

Ⅷ. 챗GPT와 인공지능 교육의 미래

신무곤

1. 인공지능

인공지능은 포괄적인 개념으로 기계학습, 인공신경망, 딥러닝 등을 포함하는 단어이다. 넓은 의미에서는 통계 모델을 생성하는 것도 포함한다. 기계학습은 많은 매개변수를 넣어주면 모델이 스스로 규칙을 학습하는 방식의 인공지능 구현 방법이다. 인공신경망은 인간의 뇌의 구조를 본떠 만든 기계학습 방법론이다. 딥러닝은 입력층과 출력층 사이에 있는 은닉층에 인공 뉴런(인공신경망)을 여러 겹 쌓고 연결한 구조로 만들어진 방법론이다. 즉 인공신경망의 확장판이라고 할 수 있다. 최근에는 인공신경망=딥러닝 이라고 이해해도 무방하다. 인공지능은 컴퓨터가 적절한 데이터를 통해 패턴을 학습하여 사람이 생각하는 것과 비슷한 답을 도출하도록 하는 것을 목적으로 한다.

인공지능은 1950년대에 처음 개념이 등장하였다. 초기 인공지능은 "생각하는 기계"로 많은 각광을 받았지만, 컴퓨터의 연산 능력의 한계로 그 붐이 식었다. 1980년대에 들어 컴퓨터의 성능이 대폭 개선되면서 머신러닝(기계학습)이 대중화되었다. 기본적인 유전 알고리즘, 클러스터링(군집화) 알고리즘이 대중적이다. 하지만 초기의 머신러닝은 SLP(단층 퍼셉트론)의 한계등 문제점의 발견으로 한동안 인기가 시들하기도 했었다. 1974년 폴 워버스에 의해 MLP와 역전파 알고리즘이 증명되어 또 다시 붐이 일기도 하였으나 기울기 소실 문제, 연산문제(하드웨어) 등 여러 가지 문제들로 인해 AI의 겨울이 찾아왔다. 문자 인식, 음성인식 등 가시적인 성과가 있는 분야도 있었지만 기본적인 한계로 인해 대화형 인공지능 개발의 실패 등 극복하지 못한 한계가 많았다.

2006년, 제프리 힌튼 교수가 DBN(심층신뢰신경망)을 발표하며 불가능이라 여겨졌던 비지도 학습 방법이 가능해졌고, 이로 인하여 퍼셉트론이 사실상 사장되어 딥러닝이라는 방법론이 상위개념인 인공신경망이라는 명칭을 대체하며 유일하게 여겨지는 방법론으로 칭해진다. 특히 2012년에 힌튼 교수가 이끌고 일리야 수츠케버 등이 참여한 AlexNet 팀이 "ILSVRC"라는 컴퓨터 비전 대회에서 압도적인 퍼포먼스로 우승하자 딥러닝은 기존의 SIFT 방법론을 제치고 압도적인 대세가 된다.

2016년 드디어 구글 딥마인드의 알파고가 인공지능의 한계라고 여겨졌던 바둑을 정복하며 인간의 수준을 뛰어넘는 AI의 발전이 다가왔다. 이를 통해 AI붐이 일어났으며 마케팅에 AI만 들어가면 사람들의 신뢰가 급 상승하는 현상이 나타났다. 하지만 AI가 인간을 뛰어넘는 지성을 갖출 것이라던지, AI가 인간보다 모든 일을 잘한다던지, AI가 모든 직업을 대신 한다는 등 지나친 장미 빛 전망을 금물이다. 인공지능의 학습에 드는 데이터는 그 자체가 돈이며, 인공지능인 이상 자동차의 기름처럼 데이터가 연료로 공급되어야 한다. 만일 데이터가 공급되지 않는다면 이는 더 이상 인공지능이라 할 수 없을 것이다. 알파고의 경우 약 3000만개의 기보 데이터를 학습하였으며, 대전자와의 대국을 데이터로 치환해 자가 학습을 진행하였다. 또한 알파고 학습에 사용된 하드웨어는 단일 컴퓨터의 경우 CPU 48개, GPU 8개, 분산 컴퓨터의 경우 CPU 1,202개, GPU 176개로 구성되어 있다. 이처럼 AI 학습 및 모델 생성에는 많은 자원이 소비되며 현재에 이르러서는 더욱 많은 자원을 소비하고 있다.

2. Chat GPT

챗GPT는 Open AI에서 발표한 인공지능 기술로, GPT-3.5와 GPT-4를 기반으로 하는 대화형 인공지능 서비스이다. 기존까지 대화형 챗봇은 데이터베이스 기반 스크립트를 기반으로 대화를 하는 경우가 많았다. 대화형 인공지능 혹은 챗봇은 자동응답기처럼 정해진 대답만을 할 뿐이었다. AI 챗봇은 크게 6가지 유형으로 나뉜다. 먼저 규칙기반(Rule-Based) 챗봇은 미리 정의된 규칙 및 패턴에 따라 사용자의 입력에 응답한다. 특정 키워드 및 구문을 기반으로 사전에 프로그래밍된 응답을 제공한다. 기본적인 쿼리는 처리할 수 있지만, 상황을 이해하거나 복잡한 대화를 할 수 있는 능력은 떨어진다.

두 번째로 검색 기반(Retrieval_Based) 챗봇이다. 검색 기반 챗봇은 데이터베이스를 기반으로 미리 정의된 응답을 사용한다. 사용자의 입력을 분석하고 이를 관련 패턴이나 키워드와 일치시키며, 가장 적절한 응답을 검색해 제시한다. 규칙 기반 챗봇보다 광범위한 쿼리를 처리할 수 있지만, 여전히 기존 데이터에 의존하고 이해력이 조금 떨어지는 경향이 있다.

세 번째로 생성형(Generative) 챗봇이다. 챗 GPT, Microsoft의 Copilot, google의 bard 등이 해당한다. 이는 NLP(자연어처리) 기술을 사용해 사용자의 입력에 기반한 응답을 "생성" 한다. 시퀀스 투 시퀀스 또는 transformer 같은 머신러닝 모델을 활용해 마치 인간이 대답하는 것과 같은 응답을 이해하고 생성한다. 보다 더 복잡한 대화를 처리하고 더욱 개인화된 상호작용을 제공할 수 있지만, 상당한 교육 데이터와 계산 리소스가 필요하다.

네 번째로 AI 비서(AI assistants)가 있는 챗봇이다. AI 비서가 장착된 챗봇은 챗봇의 기능과 가상 비서 기능을 결합한다. 자연어 이해(NLU)와 대화 관리 시스템을 통합해 사용자의 의도를 이해하고 작업을 수행하며, 상황에 맞는 응답을 제공한다. 챗봇은 알림 설정, 예약 또는 외부 소스에서 정보 검색과 같은 작업을 수행할 수 있다.

다섯 번째로 소셜(Social) 챗봇이다. 소셜 챗봇은 종종 인간의 성격을 모방해 사용자가 사회적 상호작용에 참여하도록 설계됐다. 소셜 챗봇 사용자는 감정 분석과 감정 인식 기술을 사용해 매력적이고 현실적인 대화를 만드는 것을 목표로 한다. 소셜 챗봇은 고객 서비스, 마케팅 및 엔터테인먼트 애플리케이션에서 주로 사용된다. 마지막으로 작업 지향(Task-oriented) 챗봇이다. 작업 지향 챗봇은 특정 작업을 수행하거나 목표 지원을 제공하는 데 중점을 둔다. 음식 주문, 항공편 예약 또는 기술 문제 해결과 같은 특정 도메인 또는 응용 프로그램 내의 사용자 요청을 처리하도록 설계됐다. 챗봇은 일반적으로 정의된 워크플로우를 따르고, 확장된 대화보다 작업 완료를 우선시한다.

AI 챗봇은 1세대 심심이 2세대 이루다 등 여러 가지 챗봇이 있었지만 2020년대 들어 챗 GPT가 Transformer 기반의 혁신적인 기술을 사용한 생성형 AI를 내놓음으로써 기존의 챗봇은 구시대의 유물로 전락하였다. 생성형 AI는 사용자의 입력을 받아 문맥, 문장의 구성, 감정 등을 파악하여 최적화된 대답을 내놓는 방식이다. 챗 GPT는 LLM(Large Language Model)을 사용한 인공지능으로, LLM은 대량의 데이터를 스스로 학습하고 데이터 속에서 패턴을 찾아내어 글을 작성하거나 번역을 하고, 질문에 답하는 등 다양한 작업을 수행한다. 챗 GPT는 뉴스, 소설, SNS 등에서 얻어낸 방대한(약 3000억개 단어) 데이터를 학습하여 어떤 상황에서도 자연스럽게 대화할 수 있다.

챗 GPT에서 사용한 Transformer 모델은 문장속 단어와 같은 순차 데이터 내의 관계를 추적해 맥락과 의미를 학습하는 신경망이다. 어텐션(Attention) 또는 셀프어텐션(self-attention)이라 불리며 진화를 거듭하는 수학적 기법을 응용해 서로 떨어져 있는 데이터 요소들의 의미가 관계에 따라 미묘하게 달라지는 부분까지 감지해낸다. 구글의 2017년 논문에 처음 등장한 Transformer는 지금까지 개발된 모델 중 가장 새롭고 강력하다. Transformer AI 라 불리며 머신러닝계를 주도 하고 있다. 불과 5년 전까지만 해도 가장 인기 있는 딥러닝 모델로 손꼽혔던 합성곱신경망(CNN)과 순환신경망(RNN)을 이제 Transformer가 대체하고 있다. Transformer 등장 전까지 라벨링된 대규모 데이터 셋으로 신경망을 훈련시켜야 했지만, 이런 데이터 셋 구축은 많은 시간과 비용이 소모된다. Transformer 모델은 요소들 사이의 패턴을 수학적으로 학습해 찾아내기 때문에 이 과정이 필요 없다. 이 덕분에 수조 개의 이미지와 페타바이트(petabytes)급 텍스트 데이터를 웹과 기업 데이터베이스에서 사용할 수 있게 되었다. Transformer가 사용하는 연산은 병렬 프로세싱에 적합하기 때문에 모델의 실행 속도 또한 빠르다.

생성형 AI를 통해 논문 작성, 소설 쓰기, 작곡 등 다양한 작업들이 가능해지면서 사회에 문제가 야기되고 있다. 예를 들어 미국의 중고등학교, 대학교에서는 챗 GPT 사용을 금지시키기도 하였으며, 논문 작성시 챗 GPT 사용을 검사는 경우도 생겨나고 있다. 또한 소설 공모전에서도 챗 GPT를 이용한 작품들이 대거 출품되면서 사람의 일자리를 잃어버리는 것이 아니냐는 관점도 존재한다. 또한 챗 GPT는 기본적으로 생성형 AI이기 때문에 기존 데이터에 없는 답변도 생성이 가능하다는 문제점이 있다.

예를 들어 "어떠어떠한 알고리즘을 만들어줘" 라고 질문하였을 때 만약 학습한 데이터 중에 없는 알고리즘이라면 없는 라이브러리를 있는 것처럼 알려주거나 아주 엉뚱한 답변을 내놓기도 한다. 이를 보면 완벽한 AI는 없으며 이를 잘 사용하기 위한 프롬프팅 과정의 중요성을 말해준다. 또한 생성형 AI는 특정 시점까지의 데이터만을 학습하므로 생성하는 정보의 전문성과 최신성에 약점을 갖는다.

3. 프롬프팅(Prompting)

프롬프팅은 챗 GPT가 시장에 공개된 이후 챗 GPT에게 질문한 질문을 만드는 것을 의미하는 단어로 의미가 추가되었다. 즉 AI에게 일을 지시하는 일련의 과정을 의미한다. 우리가 AI에게 지시(프롬프트)를 말하면 AI는 그 일을 실행한다. 앞서 설명했던 잘못된 대답을 최대한 피하기 위해서는 AI에게 일을 잘 지시하는 것이 중요하다. 프롬프팅을 통해 AI에게 구체적으로 원하는 것에 대한 지시를 내리는 일은 매우 중요하다. 예를 들어 "하늘은"이라고 질문했을 때 AI는 하늘에 관련된 모든 대답을 내놓게 된다.

You
하늘은

ChatGPT
하늘은 대기 중의 가스와 미립자들이 혼합된 공간으로, 지구의 대기권을 말합니다. 하늘은 일반적으로 파란색을 가지고 있지만, 일출이나 일몰 시간에는 붉거나 주황빛으로 변할 수도 있습니다. 하늘은 우리에게 날씨 정보를 제공하고, 태양의 빛과 열을 지구에 전달하며, 우주의 별들과 행성들을 관찰할 수 있는 공간을 제공합니다. 종종 우리는 하늘을 이용하여 시간을 알아내거나 항법에 활용하기도 합니다. 문학이나 예술에서도 하늘이 감정이나 아름다움을 표현하는 데 자주 사용됩니다.

하지만 구체적으로 질문한다면 대답은 많이 달라질 것이다. 예를 들어 "하늘은 뒤에 문장을 완성해 줘"라고 요청한다면 AI는 다음과 같이 답할 것이다.

You
하늘은 뒤에 문장을 완성해줘

ChatGPT
하늘은 우리가 꿈을 키우고 자유를 상상할 수 있는 푸른 캔버스이며, 때로는 우리의 용기와 희망의 상징이기도 합니다.

　이처럼 AI는 같은 말이라도 질문을 어떻게 하느냐에 따라 내놓는 대답이 달라지게 된다. 프롬프팅은 이처럼 AI에게 하는 질문을 잘 다듬고 만드는 과정이라고 할 수 있다. 우리가 원하는 대답을 얻기 위해서 AI에게 미리 질문을 던지는 경우도 있을 수 있고, 역할을 부여하는 방식을 사용할 수도 있다. 이를 프롬프트 엔지니어링이라고 한다.

　최근에는 프롬프트 엔지니어링을 위한 AI 모델또한 개발되고 테스트하는 중이다. 당사에서도 상담사의 역할을 하는 챗봇 AI를 개발 중이며 해당 챗봇은 GTP-4의 API를 기반으로 한다. 당사에서는 심리 상담사의 대화, 우울증에 관한 키워드와 말뭉치, 파인튜닝 등을 이용하여 프롬프트를 조정하고 해당 질문을 GPT에 던져 우리가 원하는 대답을 얻는 것을 목표로 한다. 이를 통해 GPT에게 심리 상담사의 역할을 부여하고 그 역할을 수행하게끔 만드는 것이다. 사용자가 입력하는 질문 혹은 대답을 키워드로 상세 구분해 나누고, 우울감 분석을 한 뒤 GPT에게 할 질문(Prompt)를 따로 생성하여 질문을 하고 그 응답을 사용자에게 전송하는 방식이다.

4. Sora

Open AI는 Sora라는 새로운 비디오 생성 모델을 공개했다. Sora라는 이름은 하늘을 뜻하는 일본어에서 유래되었는데, "무한한 창의적 잠재력을 연상시키는 이름" 이라고 Open AI는 설명했다. Sora는 챗 GPT와 마찬가지로 텍스트 프롬프트를 기반으로 동작하는 서비스이다. 챗 GPT와 다른 점은 사용자가 텍스트로 묘사한 장면을 영상으로 생성할 수 있다는 점이다. 이 서비스는 단순한 상황 설명에서 복잡한 시나리오에 이르기까지 사용자의 상상을 현실로 변환하는데 초점을 맞추고 있다. 마이크로소프트와 뉴스 콘텐츠 무단 사용으로 법적 분쟁 중인 뉴욕타임스조차 이들이 생성한 영상 퀄리티를 두고, "마치 할리우드 영화에서 튀어나온듯한 영상" 이라는 평가를 남겼다.

이처럼 소라는 간단한 프롬프트만으로 엄청난 퀄리티의 영상을 생성해준다. 이를 통해 다양한 컨텐츠의 제작이 용이해질 것이며 영상산업의 페러다임이 바뀔 수도 있다. 하지만 Sora도 다양한 문제가 제기되고 있다. 예를 들면 아래 그림과 같이 러닝머신을 거꾸로 사용하는 등 물리적으로 불가능한 동작을 생성하는 문제가 있다.

또한 요즘 문제가 많이 제기되고 있는 딥페이크 문제도 존재한다. AI 기술이 발달함에 따라 연예인, 지인 등 실존 사람을 모델로 음란물을 생성하거나 유포하는 범죄행위가 증가하고 있듯이 Sora를 활용한 같은 문제가 발생할 가능성이 농후하다. Open AI는 이 같은 문제 때문에 대중에게 바로 공개하지 않기로 결정하고, 전문가들로 구성된 팀을 꾸려 적대적 테스트 작업을 시작했다. 앞서 설명했듯이 데이터의 무단 사용 또한 문제가 되고 있다. LLM등 대규모 데이터를 학습하기 위해서는 그에 걸맞는 데이터의 확보도 중요한데, 저작물이 침해당하거나 뉴스 등 기업들의 데이터를 무단으로 사용하여 학습을 진행하여 법적 분쟁이 끊임없이 일어나고 있다. 생성형 AI가 대중화되기 위해서는 해당 문제들이 조속히 해결되고 발전하여야 할 것이다.

5. 미래의 교육환경

앞서 설명하였던 인공지능의 발달로 인해 미래의 교육환경은 어떻게 바뀌게 될까? 섣불리 판단 할 수는 없지만 인공지능의 발달은 많은 사람의 일자리를 앗아갈 수도 또 만들 수도 있을 것이다. 하지만 앞서 설명했듯이 AI가 발달한다고 함은 데이터의 보충이 절대적으로 필요하다. 따라서 단순 작업 혹은 사람의 개입이 전혀 필요 없는 고정적인 데이터를 사용하는 직업은 AI가 대체 할 수도 있겠지만, 지속적인 피드백이 필요한 작업은 여전히 사람의 힘이 들어가서 수행되어야 할 것이다. 예를 들어 당사가 개발하고 있는 상담 챗봇의 경우에도 기본적으로 상담사들의 상담 데이터, 유저들의 입력데이터, 우울함에 관한 키워드 등이 학습데이터로 사용되는데 이는 시대, 시간, 시기에 따라 유동적으로 변하는 데이터이며 인공지능 모델은 시시각각으로 변하는 데이터를 학습하여 변화에 대응하여야 한다. 인간의 심리는 언제든 변하고 개개인의 편차가 심하기 때문이다.

그렇다면 교육환경에서는 어떻게 활용될 수 있을까를 고민할 차례이다. 교육환경에서의 인공지능은 여러 방면으로 활용될 수 있다. 예를 들면 A라는 학생의 상황(공부 시간, 성적, 성격, 성향, 교우관계, 가정환경 등)을 고려하여 A라는 학생에게 최적화된 학습 방법을 "생성"하여 줄 수 있을 것이고, "생성"된 학습 방법을 수행하는 학생을 "평가"하며 해당 결과를 선생님 혹은 학부모에게 전달하여 학생의 학습 루틴을 피드백할 수 있을 것이다. 또한 인공지능이 튜터가 되어 아이의 모자란 부분을 파악하고 그에 맞는 교육 컨텐츠를 생성하여 제공해 줄 수 도 있을 것이다. 생성된 교육 컨텐츠는 영상일 수도, 텍스트 일수도, 음악일 수도 있는 시대가 열리게 될 것이다. 예를 든 경우 말고도 무수한 경우가 많겠지만 이는

앞으로의 교육환경에서 많은 사람들이 고민하고 있고, 인공지능의
발전에 따라 새로운 학습 방법이 생겨날 수도 있을 것이다.

Reference

COMPUTING MACHINERY AND INTELLIGENCE, A. M. Turing (1950) Computing
Machinery and Intelligence. Mind 49: 433-460.
https://github.com/Rochester-NRT/AlphaGo
Attention Is All You Need, Ashish Vaswani(2017) Cornell University
https://www.nytimes.com/2024/02/15/technology/openai-sora-videos.html
https://openai.com/dall-e-2
Learning Transferable Visual Models From Natural Language Supervision, Alec
    Radford, OpenAI

메타인지 레벨과 학습코칭 상담

IX

메타인지
레벨과
코칭상담

IX. 메타인지 레벨과 학습코칭 상담

김상인

1. 메타인지 레벨

학습 부진의 학생들을 메타인지 관점에서 메타 레벨을 폰(Pawn) 단계 나이트(knight) 단계, 비숍(Bishop) 단계, 퀸(Queen) 단계로 구분하였다(곽정율). 이 개념에 대해 『동기부여 단계 학습 촉진 단계, 주도적 학습 단계, 성취학습 단계』로 해석하였다(김상인).

· 폰(Pawn) 단계: 동기부여 단계

학습자는 학습활동에 대한 기본적인 참여를 보이지만, 전반적으로 학습량이 부족한 상태이다. 학습에 대한 동기가 충분히 자극되지 않은 상태로, 학습에 대한 주도성이나 책임감이 부족하다. 복습

테스트와 같은 평가 활동에서 이러한 부족함이 드러나며, 동기부여
와 지속적인 학습 환경 조성이 필요한 단계이다.

· 나이트(knight) 단계: 학습 촉진 단계

학습자는 주어진 과제와 복습을 성실히 수행하는 책임감을 보인
다. 그러나, 자신의 학습에 대한 깊은 이해와 문제해결을 위한 적극
적인 질문이 부족하다. 학습 과정에서 발생한 오류에 대한 깊은 분
석이나 질문을 통한 호기심 자극이 더 필요한 단계이다. 구체적인
질문 기술과 문제해결 능력의 향상을 통해 학습자의 잠재 능력을
개발할 수 있는 단계이다.

· 비숍(Bishop) 단계: 자기 주도적 단계

이 단계의 학습자는 뛰어난 복습과 과제수행 능력을 보이며, 학
습에 대한 진정한 동기부여가 이루어진 상태이다. 지적 호기심을
자극하는 질문을 통해 틀린 문제를 스스로 인식하고 수정하는 능력
이 있다. 학습 과정이 자기 주도적으로 이루어지며, 학습자는 자신
의 학습 경로를 스스로 설계하고, 동기부여가 잘되어 있어 주체적
으로 학습에 임하는 단계이다.

· 퀸(Queen) 단계: 성취학습 단계

비숍 단계의 우수한 학습 태도와 더불어 상위 4%의 학업 성취도를 달성한 학습자를 의미한다. 이 단계의 학습자는 전문적인 지식과 기술을 갖추고 있으며, 비판적 사고력과 문제해결 능력에서 높은 수준을 보인다. 학습자는 전문가적 사고를 바탕으로 복잡한 문제에 접근하고, 창의적이고 혁신적인 해결책을 제시할 수 있는 능력을 갖춘 단계이다(곽정율, 정율사관 인터뷰, 2024).

Meta-Cognition Level Model

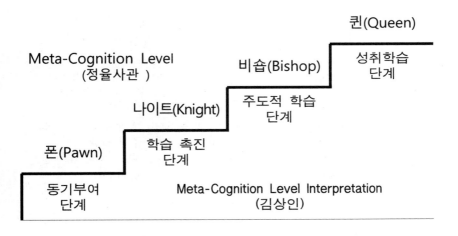

학습 접근과 목적

학습 접근	목적
Teaching	지식과 기술 가르침
Mentoring	멘토 지식과 기술 공유
Coaching	잠재력 발견 자기주도
Consulting	문제해결 방향 제시
Counseling	과거 문제 현재 변화
Tutoring	깊은 지식과 전통지식 전달
Nudging	내외적 보상 행동 제시
Facilitation	촉진과 Peer Group 간 촉진
Change	반복적 경험 학습을 통한 변화

학습 방법과 방법

학습 접근	방법
Teaching	전문성을 통한 지식 전달
Mentoring	안내 충고
Coaching	성장을 위한 질문과 대화 Who/how 초점
Consulting	전문가 관찰 진단 후 해결 제시
Counseling	원인 찾고 처치
Tutoring	세심한 반복 교육, 첨삭지도, 개별 학습
Nudging	Intake, 흥미, 주의 집중 유발
Facilitation	순환적 질문, 관찰, 진단, 격려, 내적 보상
Chance	계기와 동기부여

2. 학습코칭 상담

학습코칭은 학생의 문제를 해결하기 위해 학생과 직접 접촉하는 학습상담이나 학습 클리닉 이전에 교사나 학부모를 통해 학생에게 서비스를 제공하는 것을 발견하고 수정하는 것에 집중하게 된다. 학습 컨설팅은 학생부진 유지, 학습문제를 치료, 학습부진 예방, 학습역량을 증진하는 것을 목표로 한다. 학습 코칭은 학습장애, 학습부진 등을 구분해야 한다. 또한 학생의 문제 진단과 치료의 방법에 대해서 대안을 제안하는 것도 제시된다. 학습문제가 매우 심각한 경우에는 특수교육을 받아야 하는지, 일반교육 이외의 상황에서 서비스를 제공받아야 하는지 등의 문제를 진단하고 대책을 제시하게 된다(윤채영, 김정섭, 2010).

1) 관심 이끌어 내기

학습상담에 있어서 중요한 것은 학생의 관심을 이끌어 내는 것이다. 학습상담자는 학생이 현재 관심을 가지고 있는 것이 무엇이며, 어느 정도 수준인지를 탐색하고 그의 대한 상식과 전문적인 준비를 해야 한다.

2) 공감하기

학습상담에서 공감하기는 학생의 입장과 처지, 그리고 상황을 충분하게 고려한 상담과정이다. 학습상담자는 학습부진 학생이 현재 어떤 입장에 놓여 있는지, 어떤 처지에 있는지에 대해 정확하게 탐색해서 공감해야 한다. 그리고 학생이 현재 가족구성원 사이에서 어떻게 생활하고 있는지, 학교생활에서 어떤 상황에 처해 있는지에 대한 구체적인 탐색을 해야 한다. 그리고 구체적으로 공감해야 할 부분에 정서적 공감을 해야 한다.

3) 학습 목표 설정하기

학습목표 설정은 학생의 수준을 충분하게 고려하여 설정하는 것이 중요하다. 또한 부모와 교사를 컨설팅 하는 결과도 고려해야 한다. 학습목표 설정에 있어서 상담자는 학습과목에 대해서 학생 스스로가 자신의 계획과 부모에게 도움을 요청할 부분과 학교생활을 어떻게 할 것인가에 대한 것을 도와주어야 한다.

학습상담전문가는 효과적인 학습상담을 위해서 부족한 학습과목을 지도할 수 있는 능력을 갖추는 것이 중요하다. 학습상담의 최종목표는 성적을 올리는데 있다. 따라서 학습상담과정에서 학습상담

전문가는 정서적 상담과 더불어 부족한 학습을 올리는 것과 분명한 학습목표를 찾아가는데 도움을 주는 상담을 해야 한다. 학습상담은 학습에 대한 흥미 이전에 자신을 정확하게 탐색하여 목표 즉, 꿈을 가지게 하는 것이 중요하다. 학습목표를 분명히 정하고 하는 학습이 효과적이기 때문이다.

학습상담 절차는 학습부진 코칭 통한 분석, 학습자의 관심이 무엇인지를 탐색하고 이끌어 내야 한다. 그리고 학생의 감정과 상황에 공감하기하고 그 학생이 가진 열등감 극복을 탐색하여 극복할 수 있도록 돕는다. 또한 학습자 안에 있는 우월에의 추구를 할 수 있도록 상담하고 희망적(꿈/목표) 설정하여 학습목표설정하고 실천할 수 있도록 돕는 것이다.

학습 코칭의 수준과 유형에 따른 목표 및 역할

수준 유형	클라이언트 중심	코칭 중심	시스템 중심
치료적 컨설팅	목표: 클라이언트의 문제를 진단 하고 처방 역할: 학습 상담가, 학습 클리닉 전문가	목표: 특정한 클라이 언트의 문제를 해결하기 위한 기법 교육 역할: 훈련가, 교육자	목표: 조직의 문제를 진단하고 처방함. 갈등관리가 중요한 문제 역할: 장학사, 협력자
예방적 컨설팅	목표: 클라이언트의 잠재적 문제 를 진단하고 예방 역할: 정보 전달자	목표: 클라이언트의 역량 강화를 위한 기법 교육 역할: 협력자, 교육자	목표: 조직구성원의 역량 강화 역할: 촉진자, 협력자

학습 코칭 상담

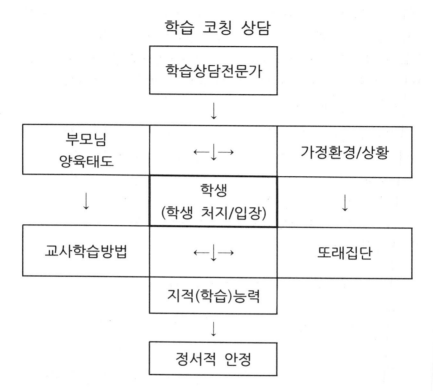

Reference

Adler, A. (1956). The Individual Psychology of Alfred Adler:A Systematic Presentation in Selections from His Writings. Edited by Heinz L. Ansbacher and Rowena R. Ansbacher, New York: Basic Books.

Adler, A. (1979) Superiority and Social Interest: A Collection of Late Writings. Edited by Heinz L. Ansbacher and Rowena R. Ansbacher, Norethwestern University Press.

Hall, C. S. & G. Lindzey. (1978). Theories of Personality. New York: John Wiley & Sons.

Lewis Way. (1962) Adler's Place in Psychology: An Exposition of Individual Psychology, The Crowell-Collier Publishing Company printed in the U.S.A.

Stanton, L. Jones and Richard E. Butman. (1991). Modern Psychotherapies. U.S.A.: Intervarsity Press Downer Grove.

Ansbacher. Heinz L. Was Adler a disciple of Freud? A Reply. Journal of Individual Psychology, 1962.

Cobb, B. John. (1977). Theology and Pastoral Care. Philadelphia: Fortress Press.

Dreikurs, R. Rudolf. (1989). Fundamentals of Adlerian Psychology. Chicago, Illinois: Adler School of Professional Psychology, Copyright.

Ellenberger, H. Alfred Adler and Individual Psychology. In The Discovery of the unconscious: The History and evolution of Dynamaic Psychology. N.Y: Basic Books, 1970.

Federn, E. Was Adler a disciple of Freud? A Freudian view. Journal of Individual Psychology, 1963.

Hall, C. S. & G. Lindzey. (1978). Theories of Personality. N.Y.

Maslow, A. H. Was Adler a disciple of Freud? A note. Journal of Individual Psychology, 1962.

Nikelly, G. Arthur. (1979). Techniques for Behavior Change -Applications of Adlerian Theory-. Chicago, Illinois: Thomas Books.

곽정율, 정율사관, 2024년 5월 40일 인터뷰.

미래 교육 방향

X
미래 교육
방향

X. 미래 교육 방향

차우규 · 김상인

  Learning Facilitation은 학습 참여하는 모든 사람은 자유롭게 자신의 의견을 개진하고 효과적으로 의사결정에 참여하여 기획하고 진행하는 할 수 있다. Learning Facilitator는 학습자 peer group 소통과 협업을 촉진 성장을 위해 구체적이고 실용적인 준비 해야 한다. Facilitator는 학습자 개인이나 peer group의 문제해결 능력을 키워주고 조절을 돕는다. Facilitator는 학습 peer group 간에 질문하고 답을 하며, 서로의 성장을 촉진하는 것을 돕는다. Facilitator는 peer group의 각 개인이 자신의 학습 행동에 대해 더 잘 인식하도록 해주는 역할을 해야 한다.

  Facilitator의 궁극적인 목적은 개인의 학습 성장과 peer group 취하는 다양한 행동에 대한 feedback을 제공하고, 자신의 학습법에 대한 성찰을 통해 학습자 스스로가 문제를 어떻게 해결하고 있는지에 대한 통찰과 진단할 수 있도록 학습 촉진을 돕는다. 이러한 관점에서 facilitator는 '학습 조력자, 학습 촉진자, 학습의 용이자'로 설명할 수 있다. 즉, 학습 촉진을 통해 학습을 원활하게 진행할 수 있도록 돕는 것이다. Learning Facilitation은 탁월한 한 개인의 능력도 중요하지만, peer group의 다양한 관점으로부터 도출된 결과로 인한 학습 성장을 추구하는 것이 더 중요하다. 즉, facilitator는 집단 지성 도출하고 이끌어낼 수 있어야 한다. Facilitation이다.

Learning Facilitation은 강사가 단순히 지식을 전달하는 것이 아니라 거꾸로 학습, 역전 학습인 flipped learning으로 설명할 수 있다. MOOC의 실패는 오프라인 교육의 단순한 온라인화하였기 때문이다. 그런 미네르바 스쿨은 온라인의 장점과 오프라인의 장점을 결합하고, 새로운 기술과 패러다임을 접목하는 진화 학습으로 성공하게 되었다. 따라서 Digital Learning Facilitation은 Learning Facilitation을 위해 Digital 인공지능 기능을 활용하는 것이다. 즉, 학습자의 학습 태도, 답을 구하는 방식, 질문과 답변 분석 등을 빅 데이터 학습을 통해 진단 분석하여 자신의 학습을 심도 있게 관찰하고 탐색하여 재인식하여 수정 보완 하는 학습이 tip을 얻어 촉진하는 것이다.

Learning Facilitator의 목표

	Learning Facilitator의 목표
1	Facilitator는 학습에 적극적으로 참여할 수 있도록 동기 부여를 한다.
2	Facilitator는 peer group이 다양한 참여 교육 과정을 설계할 수 있도록 한다.
3	Facilitator는 개인학습과 peer group 학습효과를 위해 복습을 독려해야 한다.

Learning Facilitator의 진단

	Learning Facilitator의 자질
1	Facilitator 자신의 학습 교육 contents가 무엇인가?
2	Facilitator 독창성(creativity)은 무엇인가?
3	Facilitator는 순환적 질문기법을 활용해야 한다.

1. 넛지 학습전략(Nudge learning)

넛지(Nudge)라는 말은 '팔꿈치로 살짝 쿡' 찌르다. 라는 뜻이다. 경제학 용어로 소개되었는데 '강압하지 않고 부드러운 개입으로 사람들이 더 좋은 선택을 할 수 있도록 유도하는 방법'을 의미한다. 어떤 강압이나 계몽하는 말보다 재미있는 디자인으로 사람들을 자연스럽게 '노래하는 계단, 계단 오를 때마다 소모되는 Kcal' 양을 표시해 두어 Elevator와 Escalator 이용보다 계단을 이용하여 운동 효과와 전기 절약을 유도하는 효과에 활용될 수 있다.

Wikipedia는 "넛지"를 주로 행동 과학, 정치 이론 및 행동 경제학의 개념으로 정의하였다. 그룹이나 개인의 행동과 의사결정에 영향을 미치는 방법으로 긍정적 강화이다. 넛지는 올바른 방향으로 부드럽게 밀거나 약간의 안내하는 것으로 학습과 관련하여 촉진할 수 있는 전략이 될 수 있다.

학습의 맥락에서 넛지는 귓속말 강좌로 심리적 안정감과 내적 보상을 기대하면서 학습 문화와 태도의 촉진 전략를 줄 수 있다[1].

2. 넛지 학습 설계

1) 개인화와 시각의 직관

지루한 학습 경험은 시각적으로 매력적이거나 직관적인 경험뿐만 아니라 학습자의 참여를 유도하지 못한다. 시각적 교수설계 기능을 사용하는 학습 설계가 필요하다. 넛지를 통해 공유된 콘텐츠를 더 쉽게 이해하고 기억할 수 있는 교육적 접근을 하고, 개인이 시각적으로 경험할 수 있는 학습 설계가 필요하다.

2) 적절한 타이밍과 보상

넛지 학습은 학습 성과 지원을 위한 주기적인 보강 학습과 적절한 내적 외적 보상이 주어질 때 효과가 나타난다. .

3) 간단한 것부터 촉진

넛지는 학습 유지는 명확하고 간단한 것부터 시작하고 촉진하는 것이다. 즉, 마이크로러닝 디자인으로 단계별 맞춤형 마이크로러닝이 설계되어야 한다.

4) 학습자 피드백 요청

넛지 학습은 학습자와 자연스럽게 조정을 할 수 있도록 피드백과 질문이 필수이다.

Nudge Learning Facilitator의 원리	
1	Nudge는 투명해야 하고, 절대로 상대방을 오도해서는 안 된다.
2	Nudge를 통해 현재 상황보다 더 나은 효과를 줄수 있다는 충분한 근거가 있어야 한다.
3	Nudge에 참여하고 싶지 않다면 언제든지 원하는 시간에 쉽게 빠져나올 수 있어야 한다.

2. 공감과 소통 학습전략(communication) learning

공감(empathy) 말의 유래는 그리스어 'empatheia'에서 유래된 것으로 'en'은 안쪽을 의미하고 'path'는 연민을 뜻하는 말이니 공감(empa- thy)은 안에서 느끼는 연민을 의미한다고 할 수 있다. 학습전략에 있어서 공감과 소통의 의미는 중요하다. 공감 학습이 교육을 통해 효과적으로 이루어지기 위해서는 학습 목표에 있어 학생, 교사, 학부가 서로 공감할 수 있는 것이 중요하다. 공감이 타인의 감정 상태를 파악하는 능력(인지), 타인의 처지와 감정에 몰입하여 공명하는 능력(정서), 타인의 감정에 적절하게 반응하는 능력(소통)에 의미를 내포하고 있다.

공감 학습은 구성원과의 관계를 통해 이루어지므로 구성요소, 학부모의 태도, 교사의 역량, 학습 분위기, 학습 환경요소를 생각해 볼 수 있다. 학부모의 태도는 나의 자녀가 학습효과를 높이기 위한 심리적 자원에 기초가 된다. 따라서 자녀의 학습 증진을 위한 감정 공감과 코칭이 필요하다. 그러기 위해서는 학부모 자신이 정신건강 관리가 중요할 것이다. 학부모가 일상에서 감정 기복이 심하거나 불안과 우울을 호소 하는 등 정서적 불안감을 가지고 있는 상태에서 자녀의 학습에 관여한다면, 긍정적인 효과를 기대하기가 어려울 것이다.

교사의 역량은 학습자와 신뢰 관계를 기반으로 학습자의 현 상황을 공감하기 위해 관심과 열의를 가지고 학습자 중심의 학습전략을 개발해야만 한다. 예를 들어, 내가 가르친 학생들이 A+그룹, B+ 그룹, C+ 그룹으로 구분되었다고 가정할 때, 학습자의 복습과 예습량의 결과로만 보지 말아야 한다. 즉, 같은 교재와 교사, 같은 교실 환경과 조건에서 학습한 결과라면, 생각할 여지가 있다. 다시 말해서 교사 스스로가 내가 가르치는 교수 학습법이 C+ 그룹에게 적절했는가 다른 방법의 설명과 접근이 필요한 것은 아닌지에 대한 고민과 함께 연구해야 한다는 것이다.

그런가 하면, C+ 그룹이 접하고 있는 가정 학습 분위기는 어떠했는가를 관찰하여 수정 보완이 필요하다. 학습하는 시간과 평가 시험 시점 전후에 부모님을 비롯한 가족에 정서적 분위기는 어떠했는

지 등에 점검이 필요하다. 더 나아가서는 이성 친구를 포함한 친구
와의 관계적 분위기도 영향을 주었는지에 대한 것도 중요하다.

　학습 환경은 일차적으로 어느 시점까지 일정 시간을 학습자 혼자
사용하는 공부방에서 공부하지 말고 거실에서 하는 것을 권장한다.
그리고 부모님들도 그 시간에 핸드폰이나 Tv 시청하지 않고 함께
학습 환경을 조성하는 것이 중요하다. 이러한 가정의 학습 습관은
가족의 유대감과 공감대를 조성할 뿐만 아니라 학습효과도 좋은 것
으로 나타났다. 자녀가 자기 방에서 혼자서 공부할 때 학부모 대부
분이 혼자서 공부를 잘하고 있는가에 대한 궁금증 때문에 눈치를
보면서 아이 방을 관찰하게 된다. 특히, 학습이 부족한 경우 불안감
과 초조한 심리가 생기게 되어 관섭하기 시작하면 자녀와의 갈등
구조를 만들게 된다. 또한 부모님의 불필요한 잔소리를 멈추고 격
려로 감성적 지지를 주는 것이 중요하다. 모로쿠즈 마사야의 『아
이의 공부방을 없애라』 책을 추천한다. 학습은 교사와 학생, 학부모
와 자녀 더 나아가서 교사와 학부모가 학습 목표하에 공감대를 조
성하고 소통하는 학습을 융합적으로 접근하는 것이 중요하다.

3. 격려와 보상 학습전략(extrinsic & intrinsic reward)

칭찬은 잘한 부분에 대한 보상하는 것이라면, 격려는 부족했을 때 아쉬울 정도로 결과가 나왔을 때, 실망했을 때, 부족 할 때, 건네주는 말이다. 학습 결과에 따른 감성 코칭은 칭찬보다 격려가 더 효과가 있다. 부족한 것을 지적하기보다는 차후를 생각하여 현재 상황을 위로하고 용기를 주는 것이다.

격려(encouragement)는 15세기 초, "encoragier" 프랑스어에서 유래한 것으로 '강하게 만들다, 마음을 북돋우다.' 뜻이 있다. en-은 '만들다, 넣다.' 로 'corage' 는 '용기, 마음'을 의미한다. 따라서 격려는 "원기 회복"을 의미하는 단어로 자신감을 회복, 어려운 시기에 마음을 다잡기 위해 사용되는 단어로 다른 사람을 도와주는 의미를 담고 있다. 이는 학습 부족과 부진에 대해 재도전할 수 있도록 정서적 지지와 함께 용기와 위로를 줌으로써 상처받은 마음을 회복함과 동시 재도전을 주는 의미가 있다.

격려는 차후를 위한 응원이자 위로이다. 기운이 없는 사람에게 힘들어하는 것, 실망한 부분에 대해 진심으로 격려의 말은 학습 효과를 높이는 마음의 원동력이 된다. 예를 들어, "Go on; you can do it! (계속해 보자 할 수 있어), Just one more(한 번 더 해보자), Go for it(후회 없이 최선을 다해보자), Give it your best(최선을 다해보자), I believe in you(난 너를 믿는다), I am always there for you(너와 항상 함께 할 거야) 등의 말이 도움이 될 것이다.

격려는 긍정적인 언어 사용이 중요하다. 학습자가 듣고 수용하는 과정에서 마음의 위로가 될 뿐만 아니라 자신감을 줄 수 있는 긍정적인 표현이 중요하다. 를 사용하여 격려합니다. 격려는 학습자의 감정을 이해하고 공감하는 것, 학습자의 상황을 이해하고 그들이 어떻게 느끼는지 경청하는 과정이 필요하다. 격려는 일방적이기보다는 학습자의 상황을 고려한 적절한 질문을 통해 학습자의 관심사를 관찰하고, 학습자가 인지하고 있는 현재 상황을 관찰하는 것도 중요하다.

격려는 현재의 칭찬할 부분을 관찰하여 표현하는 것이 중요하며, 그동안의 과정에서 학습자 스스로가 노력한 부분에 대해 객관적 인식을 할 수 있도록 하는 것도 포함한다. 격려 방법은 학습자에게 초점을 맞추고 학습자 상황을 그대로 수용하는 것, 학습자의 행동을 판단하기보다는 묘사하는 것이 필요하다. 또한 교사는 학습자의 실수에 대한 따뜻한 정서적 지지와 격려가 부모는 편안한 집안 분위기를 형성이 중요하다. 교사와 학부모는 학습자에 대해 최고라는 인식보다는 최선이라는 인식 심어주는 것이 격려 학습하는 데 매우 유용하다는 것을 알아야 한다. 격려는 반드시 다른 사람에게서만 필요한 것은 아니다. 자기 격려도 중요하다. 우선 자기 격려로 정서적 안정과 함께 자존감을 유지하는 것은 학습전략에 중요한 부분이다.

자기 격려 방법
슬픈 감정을 마음껏 표현한다.
땀을 흘릴 수 있는 신체활동을 한다.
혼자서 조용한 시간을 갖는다.
하고 싶었던 일과 행동에 대해 실행 본다.
혼자서 노래방에 가서 마음껏 노래를 불러 본다.
자연을 바라보면서 멍 때리기를 한다.
산책하기 좋은 야산을 등반해 본다.
지금 먹고 싶은 음식을 먹는다.
노트에 펜 가는 대로 낙서를 한다.
충분한 수분을 섭취한다.

4. 코딩 질문 학습전략(coding & coaching question)

코딩은 컴퓨터에 명령을 내리기 위한 언어이다. 코딩 언어 즉, 프로그래밍 언어라고 한다. 예를 들면, C, Python, Java, JavaScript, Scratch가 있다. 이 언어를 이용하면, 컴퓨터가 우리가 원하는 대로 작동하도록 명령문을 작성하고 작업을 수행하도록 지시할 수 있다. 코딩 학습 질문은 학습자의 잠재력 발견, 학습자 스스로 통찰과 행동을 이끌어야 하는 질문이다. 개방형 질문을 통해 가능성을 높여

주거나 새로운 것을 배우는 것이다. 자신을 합리화하거나 뒤를 돌아보게 하는 질문이 아니라 지금 여기에서 원하는 것을 향해 질문을 하는 것이다. 개방적 질문에 대한 답변을 생각하면서 자신을 객관화하여 다양한 각도로 조망할 수 있게 하는 것이다. 이 질문 과정을 통해 학습자의 내부로부터 자신의 문제해결에 대한 통찰을 얻을 수 있게 하는 것이다.

학습을 위한 코딩 질문은 궁금한 점이 질문 내용의 주가 되는 것이 아니라 스스로가 자신의 성장과 변화를 이끌 수 있도록 도움을 줄 수 있는 질문이어야 한다. 단순한 정보만 요구하는 닫힌 질문이 아니라 학습자의 잠재력을 깨울 수 있는 열린 질문이 필요하다. 학습 코팅 질문은 과거에 집착하고 책임을 묻는 '왜(why)'라는 질문보다는 생각이나 행동을 읽을 수 있고, 상황을 긍정적으로 볼 수 있도록 도와주는 '어떻게(hwo)'라는 질문을 하는 것이다. 즉, 과거에만 집중하게 하는 '과거 지향적 질문'보다는 발전을 도와 줄 수 있는 '미래 지향적 질문'이 학습 촉진의 효과를 나타낼 것이다.

컴퓨터 코딩은 완벽한 언어적 질문의 결과로 프로그램이 만들어진다. 이처럼 학습의 코딩 구체적인 질문이 필요하다. 다양하고 구체적인 질문을 통해 스스로 자기 주도적 학습할 수 있도록 하는 것이다.

학습에 있어서 코딩 질문은 언제(when), 누가(who), 왜(why), 어떻게 할 것인가(How Doing)에 대한 확실하게 학습 행동을 할 수 있도록 구체적이고 현실적인 질문을 하는 것이다. 코딩 질문은 학습 동기 유발을 목표로 한다.

"말을 강가로 끌고 갈 수는 있어도 억지로 물을 마시게 할 수는 없다."는 말이 있다. 가르치는 사람이 열심히 가르친다고 해서 학습자가 공부를 열심히 하게 되는 것은 아니다. 어떻게 하면 학습자 스스로 공부하도록 적절한 동기유발이 필요하다.

학습 동기란 학습자 스스로가 어떤 행동을 하게 하는 유인(誘因)이다. 내적으로 움직여 특정한 행동을 하도록 만드는 욕구가 동기(motive)이며, 행동하도록 이끄는 것을 동기 유발(motivation)이라고 한다. 동기는 특정한 행동을 유발하는 시발적(始發的) 기능, 목표 행동의 방향을 선택하게 하는 지향적 기능, 적극적 행동에 영향을 주는 강화적 기능, 학습 행동의 지속성에 영향을 주는 지속성의 기능이 있다.

학습 동기를 내재적/내발적 동기와 외재적/외발적 동기로 구분할 수 있다. 내재적 동기는 학습자 심성에 내면화된 동기 유발로서 학습 목적과 자기 보상 및 목표완수 등을 위해 행동하는 것이다. 이때 필요한 심리적 전략은 욕구, 흥미, 호기심 등으로 인해 학습 그자체에 동기 유발로 보람과 성취감에 자발적 행동한다. 외재적/외발적 동기는 학습 행위에 있어서 외부에 존재하는 상벌이나 보상, 그리고 사회적 압력 때문에 행동하게 되는 상황을 의미한다. 그러나 문제는 외부의 보상을 위해 행동하므로 학습 그 자체에 지속적인 관심과 흥미를 갖기가 어렵다.

학습 동기가 어느 한 가지 동기 유발로 행동하지 않는다. 일반적인 학습자는 학습에 관심과 호기심을 만족시키려는 내적 동기와 공부를 잘해서 주변 사람들에게 칭찬받으려는 외적 동기가 함께 작용할 때 학습 행동을 하게 된다. 바람직한 것은 내적 동기를 중심으로 적절한 외적 동기가 함께 부여될 때 학습 효과를 높일 수 있다.

학습 동기와 성취동기를 구분할 필요가 있다. 학습 동기는 학습 의욕을 일으키는 내적인 힘이라면, 성취동기는 학습과 밀접한 관계를 맺고 있다. 즉, 도전적인 과제를 성취함으로써 만족을 얻으려는 동기이다. 결과적으로 학습 동기와 성취동기는 밀접한 관계로 성취동기의 특성을 파악하고 학습 동기유발로 전환하는 것이 중요하다.

매클런드(D. McClelland)는 성취동기가 높은 사람은 과업 지향성, 적절한 모험성, 성취 가능성에 대한 책임감, 정력적·혁신적 활동성, 결과를 알고 싶어 하는 성향, 미래 지향성이 있다고 보았다.

켈러(J. M. Keller)는 ARCS 학습 동기 모형을 주의집중(Attention), 관련성(Relevance), 자신감(Confidence), 만족감(Satisfaction)으로 주장했다. Keller는 ARCS 모델을 중심으로 흥미 학습, 다양한 학습, 학습자와 관련된 학습을 제안했다. 또한 학습에 대한 수준별 자신감과 만족감, 칭찬과 격려, 걱정과 불안감 최소화, 그리고 학습자 요청에 대한 즉각적인 feedback을 언급하였다.

학습자의 자존감을 고려하고, 현재 상황과 수준에 대해 칭찬하고 격려하며, 보상하는 학습 효과를 높이는 데 중요한 전략이다. 학습자의 스스로 자율적인 학습 방법에 접근에 대해 인정하고 협의를 통해 컨설팅하는 것도 동기 유발이 될 것이다. 학습자가 적극성을 가지고 학습을 할 수 있도록 자기 기회를 활용할 수 있도록 돕는 것이 효과적이다.

5. 뇌 기반 융합 학습전략(creative thinking)

1) 뇌 기반 학습의 배경

뇌 기반 학습은 다양한 학문영역이 포함되는 융합 학문이다. 뇌 구조 기능은 생명공학, 유전학, 생물학, 컴퓨터 과학, 심리학, 사회학, 교육학, 화학, 물리학, 인지과학 등이 통합되어 있다. 이론적으로 육체와 정신은 뇌의 지배를 받고 있지만 우리는 자신의 뇌를 객관적으로 인지하지 못하는 경우가 많다. 뇌는 자신도 인식하지 못하는 잠재적, 원치 않는 다양한 모습 저장고이다. 인간은 유전적인 뇌와 후천적인 지식과 경험을 통해 뇌를 만들어왔다. 일부 연구자는 유전적인 뇌가 후천적인 지식과 경험의 한계를 결정한다고도 주장한다. 이 이론에 의하면, 노력과 결과는 이미 예정된 것이라고 할 수 있다. 즉, 유전적인 상황을 벗어나지 못하며, 현재 노력한 결과 유전적인 상황을 벗어날 수 없다는 것이다. 그러나 학습에 있어서 뇌의 패턴에 관련이 깊으면 적은 노력도 학습 인출 잘 되고, 그렇지 않으면 인출이 되기까지는 더 시간이 필요하다. 뇌의 패턴에 잘 적응된다면, 반복적인 과정을 통해 점점 더 쉽게 학습 인출이 된다는 것이 뇌 과학에 연구 결과이다. 즉, 반복 학습과 관련이 있다는 것이다.

예를 들면, 비록 자전거를 오랫동안 타지 않았더라도 뇌의 어딘가에 저장되어 많은 세월이 흐른 후에도 자전거를 탈 때 인출되며, 얼마 정도 반복하게 되면 익숙하게 된다는 것이다. 따라서 뇌의 메커니즘을 학습에 적용하여 뇌의 근육을 만들어 주는 것이 필요하다. 특히, 청소년기에는 시냅스를 연결해 주는 학습이 매우 중요하다. 시냅스(Synapse) 또는 신경세포접합부(神經細胞接合部)란 한 뉴런에서 다른 뉴런으로 신호를 전달하는 연결 지점이다.

한국과학기술원(KAIST)은 한진희 생명과학과 교수 연구팀이 무수히 많은 뉴런과 이들 사이의 시냅스 연결로 구성된 복잡한 신경 네트워크에서 기억을 인코딩하는 뉴런이 선택되는 근본 원리를 규명했다. 인간은 과거의 경험을 기억이라는 형태로 뇌에 저장해 놓고 사용한다. 뇌 전체에 걸쳐 극히 적은 수의 뉴런들에 인코딩되고 저장된다고 알려져 있다. 하지만 이 뉴런들이 미리 정해져 있는 것인지, 아니면 어떤 원리에 의해 선택되는 것인지는 불확실하다. 1949

년 캐나다의 신경심리학자 도널드 올딩 헤브는 저서 '행동의 조직
화(The Organization of Behavior)' 에서 두 뉴런이 시간상으로 동시
에 활성화되면 이 두 뉴런 사이의 시냅스 연결이 강화될 것이라는
시냅스 가소성(synaptic plasticity) 아이디어를 제시했다. 이후 실험
을 통해 학습으로 특정 시냅스에서 실제로 장기 강화(long-term
potentiation ·LTP)가 일어난다는 것이 증명됐다. 하지만 LTP가 기
억을 인코딩하는 뉴런을 어떻게 결정하는지 지금까지 규명된 적이
없었다. 연구팀은 LTP의 작용을 규명하기 위해 생쥐 뇌 편도체
(amygdala) 부위에서 자연적인 학습 조건에서 LTP가 발생하지 않는
시냅스를 광유전학 기술을 이용해서 특정 패턴으로 자극했다. 인위
적으로 그 시냅스 연결을 강하게 만들거나 혹은 약하게 조작하고
이때 기억을 인코딩하는 뉴런이 달라지는지 조사한 것이다.

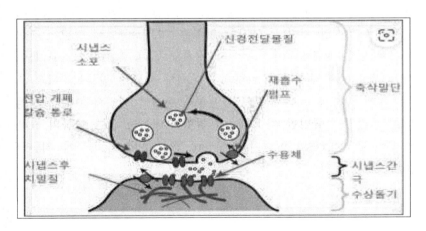

먼저 생쥐가 공포스러운 경험을 하기 전에 이 시냅스를 미리 자극해서 LTP가 일어나게 했을 때 원래는 기억과 상관없었던 이 시냅스에 기억이 인코딩되고 LTP가 일어난 뉴런이 주변 다른 뉴런에 비해 매우 높은 확률로 선택적으로 기억 인코딩에 참여함을 발견했다. 하지만 학습하고 난 바로 직후에 이 시냅스를 다시 광유전학 기술로 인위적으로 자극해서 이 시냅스 연결을 약하게 했을 때 더는 이 시냅스와 뉴런에 기억이 인코딩되지 않는 결과를 얻었다. 반대로 정상적으로 생쥐가 공포스러운 경험을 하고 난 바로 직후에 LTP 자극을 통해 이 시냅스 연결을 인위적으로 강하게 했을 때 놀랍게도 LTP를 조작해 준 이 시냅스에 공포 기억이 인코딩되고 주변 다른 뉴런들에 비해 LTP를 발생시킨 이 뉴런에 선택적으로 인코딩됨을 확인했다. 이러한 결과는 시냅스 강도를 인위적으로 조작했을 때 기억 자체는 변하지 않지만, 그 기억을 인코딩하는 뉴런이 변경됨을 증명한 것이다. 한진희 교수는 "LTP에 의해 뉴런들 사이에서 새로운 연결패턴이 만들어지고 이를 통해 경험과 연관된 특이적인 세포 집합체(cell assembly)가 뇌에서 새롭게 만들어진다." 며, "이렇게 강하게 서로 연결된 뉴런들의 형성이 뇌에서 기억이 형성되는 원리임을 규명한 것" 이라고 말했다(네이처 출판 그룹의 오픈 액세스(Open-access) 학술지 ' Nature Communications' 에 지난달 2021년 6월 24일)

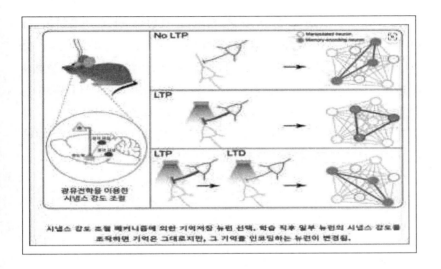

시냅스 강도 조절 메커니즘에 의한 기억저장 뉴런 선택. 학습 직후 일부 뉴런의 시냅스 강도를
조작하면 기억은 그대로지만, 그 기억을 인코딩하는 뉴런이 변경됨.

　학습을 관련하여 "생각하는 뇌, 관련짓는 뇌, 연상하는 뇌, 오감
으로 경험하는 뇌" 가 중요하다.

　학습은 교육과정의 틀에서 획일적으로 성장하지 않는다. 다양한
융합적 경험과 공존의 반복 속에서 선택하고, 결정하는 가운데 성
장한다.

2) 뇌 기반 학습의 원리

　뇌 기반 학습의 원리는 학습 내용에만 반응하는 것이 아니라 각

자의 경험, 지식, 환경 등과 같은 다양한 요인에 함께 반응하는 것이다. 즉 학습자 서로가 인출을 위한 촉진적 질문을 하는 것이 중요하다. 학습에 있어서 인지적, 정서적, 육체적 요소가 같이 상호작용하여 기존의 뇌 패턴에 일으키는 변화에 인과 관계보다 두려움, 슬픔, 놀람, 뜨거움 등은 자극에 대하여 즉각적으로 반응하므로 자극과 반응을 연결은 쉽게 나타난다. 따라서 뇌 학습 효과를 위한 패러다임은 다음과 같다.

전체상(big picture)의 사용, 총체적 사고

협동학습

뇌의 차이를 수용하고 다루기

학생별로 학습 성과의 전후 비교하기

과학에 근거를 둔 희망

뇌의 긍정적 변화를 야기하는 것에 초점

학습을 위한 규칙에 관여

스트레스 수준을 관리

뇌에 좋은 음식 : 풍부한 음식물/ 포도당/ 이온수

정서적 준비도 : 안전, 최선을 다하기, 신기성, 도전감, 목표

한계점 투입 / 주의 집중 간격 범위

충분한 처리 시간

뇌기반 접근은 모든 학습자들이 자신의 독특한 강점을 드러내며 학습할 수 있다.

뇌 부위	기능
전두엽(frontal lobe)	판단, 창의성, 의사결정, 계획
두정엽(parietal lobe)	고감각, 공간, 단기기억
측두엽(temporal lobe)	언어, 쓰기, 듣기, 감각 연결, 뚜렷한 기억
후두엽(occipital lobe)	시각 정보의 수용 및 처리

뇌 부위	기능
좌반구	순서대로 학습, 일을 부분적으로 처리, (언어적 활동에 큰 역할, 일상생활에 대한 '해설자'로 활동, '접근' 행동)
우반구	순서 없이 학습, 일을 전체적(종합적) 처리, (도식적, 공간적, 색상적 활동에 큰 역할, '회피' 행동)

3) 뇌 기반 학습 신념

역동적인 변화 가능성	동기의 차별성
개별성 인정	반복적 기억력
발달심리학적 다양성	오감 자극의 학습
융합적 창의성	좌뇌와 우뇌의 상호성
무한한 잠재성	

출처 : Introduction to Brain-Compatible Learning, Eric Jensen

뇌 기반 학습은 학습자 중심의 접근로 개인마다의 뇌 패턴을 이해하고, 즉, 좌뇌형과 우뇌형 등을 고려하여 맞춤형 학습 방법을 적용할 수 있다. 개개인의 뇌는 유전적 요소와 후천적 경험을 통합하고 있다. 따라서 학습 설계에 있어서 융합적인 반영을 적용할 수 있다. 개인이 습득한 학습의 의미와 개인이 습득한 학습 내용의 경험과 연결되어 이해와 반복을 통해 뇌 기반 학습이 가능하다. 뇌 기반 학습은 하나의 방법이 아닌 개개인 가지고 있는 뇌 활동을 통해 다양한 학습전략을 경험하고 의미를 찾을 수 있다. 뇌 기반 학습은 개인의 감정과 동기부여 과정에서 긍정적인 감정과 동기부여를 통해 학습 효율을 높일 수 있다.

4) 뇌 기반 학습의 효과

뇌가 즐겁게 할 수 있는 보상 활동이 필요하다.

뇌를 즐겁게 하는 활동은 학습효과를 높일 수 있다. 인간은 어떠한 일을 하든지 즐거움을 인지하는 활동은 반복하게 된다. 뇌가 즐거우면 해당 뉴런은 마음이 편해지고 집중력을 높이게 되고, 따라서 흥미와 즐거운 보상이 지속될 때 학습활동을 즐길 수 있다. 학습 방법을 적절한 게임이나 이야기를 활용한 수업, 마음을 열고 편하게 상호작용하는 대화와 오감을 만족을 주는 학습, 유머가 있는 학습, 선호하는 음식이 제공되는 학습이 도움이 된다. 보상 학습 역시 뇌를 즐겁게 하는 것으로, 내적 외적 보상 기법을 적절하게 활용되어야 한다.

뇌를 감동하게 하는 정서를 유지하고 행동한다.

학습 동기를 극대화하는 것으로 뇌를 감동하게 할 수 있다. 뇌가 정서적으로 충만한 상태가 되면 열정이 생기며, 그 결과 학습효과를 높일 수 있다. 즉, IQ보다 EQ에 더 관심을 가지는 것이 중요하다. 자기주도학습은 학습에 있어 내적 보상을 주게 됨으로써 뇌를 감동하게 할 수 있다. 현실을 감사하는 긍정적인 정서, 마음은 뇌를 감동하게 하여 학습효과를 주게 된다.

뇌가 학습에 적응할 수 있도록 해야 한다.

학습해야 하는 의미를 이해하는 것을 우선해야 한다. 왜 내가 학습해야 하는지, '왜 여기서 지금 해야 하는지'에 대한 의미가 있어야 한다. '나중에 하면, 안되는 것인가?'에 대한 의문에 대답을 주어야 한다. 뇌가 학습에 익숙할 수 있는 사전 학습 환경에 대한 관찰과 탐색도 적응을 위해 중요한 과정이다. 뇌가 학습에 적응할 수 있는 다양한 조건과 상황 조성을 위한 노력이 필요하다. 뇌 적응 학습을 위해 지속적이고 규칙적으로 반복하는 것이 좋다. 학습에 필요한 모든 과정을 익숙하도록 최선을 다하는 것이다. 적응 학습효과를 위해 몸으로 표현하고 행동하는 동적 기억 학습은 오래 간직될 수 있다. 이것이 바로 인출 학습이다. 자신이 이해하고 알고 있는 지식에 대해 다른 사람에게 전달하는 과정, 발표하는 과정 즉, 인출 학습활동을 통해 더 오래 기억할 수 있다.

학습을 위한 뇌는 운동이 필요하다.

학습 중 스트레칭이나 간단한 운동은 긴장을 풀어 주고, 뇌를 필터링하여 학습 효과를 준다. 학습 과정에서 뇌가 과도하게 긴장하거나 사용되다 보면 뇌에 산소가 부족해지고 혈액이 잘 흐르지 않게 되므로 몸 움직임을 통해 뇌의 긴장을 풀어 주면서 혈액순환 과정이 필요한 것이다. 산책과 같은 걷기 같은 운동, 몸을 이완시키는 활동, 명상이 도움이 된다. 휴식 시간에 핸드폰이나 Tv 시청은 피하는 것이 좋다.

뇌를 휴식할 수 있도록 해야 한다.

뇌 기반 학습은 긴장을 풀고, 학습과 관련이 없는 것을 제거한다. 학습 과정에서 긴장과 스트레스를 받게 되면, 다른 책이나 관심 영역에 시간을 보내기보다는 긴장을 감소하기 위해 휴식을 취하는 것이 유리하다. 뇌가 편안해지면 다양한 학습을 수용하기 쉬우면, 학습하면서 마음이 편안해져 동료와 쉽게 질문과 대답을 주고받을 수 있어 서로에게 촉진 학습을 제공하게 된다. 뇌가 과부하거나 힘들면 스스로 멍 때리기 한다. 뇌는 움직일 때와 쉴 때 활성화되는 부위가 다르다. 각 영역이 적절히 활성화돼야 뇌가 효율적으로 활동할 수 있다. 특히 멍을 때리면 'DMN (Default Mode Network) 뇌의 특정 부위가 활성화되면서 뇌가 초기화되고, 더 생산적으로 일할 수 있는 상태가 된다. 멍 때리기 등 잠깐의 휴식이 기억력·학습력·창의력에 도움이 된다는 연구 결과가 있다.

멍때리기의 원리가 된 두뇌 이완 원리를 처음 발견한 사람은, 워싱턴대학에서 PET(양전자단층촬영)과 fMRI(기능성자기공명장치)로 뇌영상을 연구하는 뇌과학자 마커스 라이클리(Marcus E. Raichle) 교수다. 그는 뇌가 휴식하는 시간에도 두뇌의 혈류량은 줄어들지 않는 사실에 주목해서 중요한 사실 하나를 발견했다. 그것은 두뇌가 휴식하는 동안 오히려 활성화되는 부분이 있다는 사실이었다.

인간의 두뇌가 활성화되는 순간, 그곳에는 산소가 더 필요해지므로, 부족한 산소를 보충하기 위해서 혈류가 증가해야 한다. 같은 원리로, 휴식 중에는 혈류가 줄어들어야 옳다. 그런데, 휴식 중에도 혈류에 변화가 없다는 것은, 무슨 의미일까? 그것은, 한 부위가 이완되면 다른 부위가 오히려 활성화된다는 원리이다. 우리 두뇌의 기저 상태 회로가 그렇다. 다른 부위가 이완될 때 오히려 이 부위가 활성화된다. 멍 때리기는 불멍, 물멍, 비멍, 숲멍(하영목(2021),

뇌과학이 밝힌 멍때리기의 가치). 외에도 하늘 멍, 공감 멍, 그리고 생리적으로 자연스러운 멍 때리기를 할 수 있다.

뇌는 하품을 통해 뇌를 쉬게 하고 초기화하게 된다. 하품의 원인은 피로와 졸음인데, 이는 뇌의 온도 조절 및 활성화, 스트레스, 지루함, 근육 긴장의 해소, 심리적 모방 효과 등도 하품을 유발할 수 있다. 하품과 뇌 기능 하품은 뇌의 온도 조절하는 역할로 온도가 너무 높아지면, 하품을 통해 시원한 공기를 들이마시고 뇌를 식힐 수 있습니다. 이는 뇌의 효율적인 기능 유지에 중요한 역할이다(마지현(2018), 뇌 기반 학습법을 적용한 중학교 음악 수업의 능률적인 수업지도안).

6. 디지털 학습과 미래 교육의 방향

교육부는 디지털 기반 수업 혁신 시행을 발표했다. 2026학년도까지 전국의 모든 초·중등 교사들을 대상으로 디지털 기반 수업 혁신 연수를 실시하고, 선도 교사를 양성한다. 교사가 이끄는 교실 혁명은 '디지털 기반 교육혁신 역량 강화 지원 방안'을 이다. 주요 내용은 올해부터 3년간 전국의 모든 초·중·고 교사들을 대상으로 ▲'교실혁명 선도교사' 3만4000명 양성 ▲전체 교원 대상 역량 진단 후 맞춤 연수 ▲학교로 찾아가는 연수 지원 등이다.

디지털 학습 혁명은 주어진 정답을 찾는 교육에서 벗어나 학생 스스로 질문하고 서로 협력하며 문제를 해결하는 '개념 기반 탐구 수업'이다. 이는 고교학점제, 성취평가제, 인공지능(AI) 디지털교과 서 등의 변화에 맞춘 것이다. 교실 혁명 선도교사는 올해 1.15만 명 선정을 시작으로 2025년 1.15만 명, 2026년 1.1만 명씩 양성할 예정 으로, 한 학교당 2~3명의 선도교사 확보가 목표다. 희망자는 2024년 4월부터 '함께 학교'(https://togetherschool.go.kr)를 통해 신청할 수 있다.

68)

디지털 학습 시대는 학습자 peer group 간 partnership을 통한 학 습 촉진(facilitation)이 중요하다. 또한 학생(고학년)과 교사가 함께 학습할 부교재 개발과 교육과정 설계과정에서의 partnership과 peer group의 조력자(supporter) 역할이 필요하다.

디지털 시대와 스마트 사회의 창출이라는 맥락에서 일반교육, 직 업 교육, 성인 교육, 고등 교육 개혁이 중요한 과제가 되었다. 최근 몇 년 동안 발전한 스마트 교육학적 접근 방식은 변화하는 학습 환 경은 학습에 대한 새로운 스마트 교육의 분명한 철학이 있어야만 한다. 또한 급격한 변화로 모든 연령대의 학습자를 위한 새로운 경 로를 창출할 새로운 교육학적 접근 방식에 따른 윤리 의식이 필요

---

68) 학습에 있어서 일대일 가정교사. 개인 지도교사로 학습뿐만 아니라 전반적 인 지도를 담당하는 역할의 개념으로 사용함.

하다.

미래 교육은 디지털 학습과 관련된 최첨단 인공지능 환경과 접목하기 시작했다. 우려되는 점도 있지만, 개발자와 교사와 학생들의 융합적인 접근이 된다면, 그 효과는 매우 높을 것이다. 이제 학습은 교실이라는 환경에 매여 있지 않고 시공간을 초월하는 현장으로 자리 잡게 될 것이다. 다만 사람과 사람이 함께 대면하면서 얻게 되는 정서적 공감, 함께함으로써 습득하게 되는 협동심/협업, 배려, 공감, 책임 등 즉, 인성 함양을 어떻게 할 것인가에 대한 고민과 함께 심도 있는 노력이 절대적으로 필요하다. 인성 함양은 학습의 최종 목표이기 때문이다. 인성교육을 토대로 한 디지털 학습, 인성 함양을 추구하는 디지털 학습 과정이 절실할 때를 살아가고 있다. 디지털 학습은 학생과 교사와 학부모가 partnership을 가지고 노력하는 것으로부터 메타인지 향상과 학습 촉진을 높일 수 있을 것이다.

Reference

권점례(2014). 초등학교 국어, 수학, 영어 교과 학습코칭 프로그램 개발진 워크숍. 서울: 한국교육과정평가원.

권점례(2014). 초등학교 학습코칭 활성화를 위한 지원 방안 탐색 세미나. 서울: 한국교육과정평가원.

권점례·장경숙·가은아(2014). 초등학교 학생들의 교과별 학습코칭 프로그램 개발. 서울: 한국교육과정평가원.

권점례·장경숙·가은아(2014). 학교 교육에서 학습코칭 활성화 방안. 서울: 한국교육과정평가원.

김봉수(2003). 학습부진아의 진단 및 관리 시스템 설계 및 구현. 진주교육대학교 교육대학원. 석사학위논문.

김태균(2022). 청소년의 자기주도 학습능력 강화를 위한 코칭모델개발: FOLLOW 코칭모델. 숭실대학교 교육대학원. 석사학위논문.

노원경·박선화·장경숙(2016). 일반고 학습부진학생 교수학습 지원 방안(Ⅰ): 수학, 영어 교과를 중심으로. 서울: 한국교육과정평가원.

박병량·이영재·조시화(1980). 학습 부진아 유형분석에 관한 기초 연구. 서울: 한국교육개발원.

박성익(1986). 학습부진아교육. 서울: 한국교육개발원.

박윤희(2010). 성공적인 커리어코칭 과정에 관한 연구. 숭실대학교 대학원. 박사학위논문.

백영수(2011). 중학생의 자기주도적 학습을 위한 학습코칭 프로그램 개발. 광운대학교 교육대학원. 석사학위논문.

서병완(1983). 학습부진아의 유형분석과 상담모형개발. 한양대학교 대학원. 박사학위논문.

신을진·이일화(2010). 학습코칭프로그램이 학습부진아의 학습전략에 미치는 효과. 아시아교육연구, 11(4), 145-165.

오상철·김도남·김태은·김영빈(2010). 학습부진 학생 지도의 실효성 제고를 위한 지원 연구: 학습코칭 및 동기향상 프로그램 개발. 서울: 한국교육과정평가원.

오상철·노원경·김영빈(2011). 학습저해요인 진단도구 및 처치 프로그램 개발. 서울: 한국교육과정평가원.

이대식·남미란·김양주·류경우(2010). 학습부진 유형 진단검사의 개발 및 타당화. 학습장애연구, 7(3), 19-41.

이미순(2010). 학습부진 유형 탐색 및 학습부진 원인에 대한 교사-아동 간 인식 차이 연구. 경인교육대학교 교육대학원. 석사학위논문.

정희정·김소연(2012). 아동코칭프로그램의 현황과 개발방향 -학습코칭프로그램을 중심으로. 코칭연구, 5(1), 27-48.

조성진(2009). 코칭이 자기효능감, 성과 및 가족관계에 미치는 영향과 이에 대한 감성지능의 조절효과. 충남대학교 대학원, 박사학위 논문.

최선미(2013). 학습코칭을 통한 자기주도학습력 신장. 강남대학교 교육대학원. 석사학위논문.

최승희(2012). 자기주도 학습코칭 프로그램이 중학생의 학습동기, 학습전략, 학업성취에 미치는 효과. 광운대학교 교육대학원. 석사학위논문.

Bloom, B.S., & Murray, H.A.(1957). Some basic issues in teaching slow learners. Understanding The Child, 3, 23.

Gautam, S.(2012). Slow learners: Characteristics and development. https://www.psychologydiscussion.net/term-paper/slow-learners/slow-learners-characteristics-and-development-term-paper-psychology/13481

Gautam, S.(2021). How to identify slow learner children? https://www.psychologydiscussion.net/child-development/slow-learner-children/how-to-identify-slow-learner-children-psychology/13483#google_vignette

Gautam, S.(2021). How to Teach Slow Learner Children? https://www.psychologydiscussion.net/child-development/slow-learner-children/how-to-teach-slow-learner-children-psychology/13489

Kirk, S.A. ,Karnes, M.B., & Kirk, W.D.(1955).You and your retarded child. New York:Macmillan Co.

디지털 학습과 메타인지 Up
Digital Learning & Meta-cognition

초판 인쇄   2024년 5월 21일
초판 발행   2024년 5월 21일
저   자   차우규 김상인 김아영 신무곤 이한솔 이한진 홍민기
발   행   만남과 치유

협력 기관

홈피/ juongyoul.net

홈피/ relateed.org

주   소   서울특별시 송파구 위례성대로 12길 34 2층
E-Mail counseling@anver.com
연락처 0502-847-3024

정가 18,000원
파본 낙장본은 교환해 드립니다.

ISBN 979-11-966283-7-6